# 命理師在做啥

算命是「生涯規劃」，迷信的人別來問！

羅嫻——著

Joyful Life.14

# 命理師在做啥
## 算命是「生涯規劃」，迷信的人別來問！

作　　者　羅嫺
封面攝影　張雲凱
封面設計　林采瑤
特約編輯　陳俞伶
主　　編　高煜婷
總 編 輯　林許文二

出　　版　柿子文化事業有限公司
地　　址　11677臺北市羅斯福路五段158號2樓
業務專線　（02）89314903#15
傳　　真　（02）29319207
郵撥帳號　19822651柿子文化事業有限公司
投稿信箱　service@persimmonbooks.com.tw

業務行政　鄭淑娟、陳顯中

立即購書
專　　線　（02）89314903#15
LINE ID　80306073
MAIL　service@persimmonbooks.com.tw

一版一刷　2021年11月
定　　價　新臺幣320元
ISBN　978-986-5496-15-9


歡迎走進柿子文化網 https://persimmonbooks.com.tw

～柿子在秋天火紅 文化在書中成熟～

國家圖書館出版品預行編目(CIP)資料

命理師在做啥：算命是「生涯規劃」，迷信的人別來問！／羅嫺作. -- 一版. -- 臺北市：柿子文化事業有限公司, 2021.11
面；　公分. -- (Joyful life；14)

ISBN　978-986-5496-15-9（平裝）
1.命相

293　　110008029

# 值得一讀再讀的好書！

## 陳冠宇大師／中國風水地理教授協會理事長

這一本值得您一讀再讀的好書，我要推薦給大家！

作者羅嫻老師，是一位活躍於五術命理界、但行事作風卻又很低調並且從善如流的命理老師。

羅嫻老師在五術界的服務已有二十餘年的經驗，服務照顧過的客戶也不計其數！她在命理界的歷練與經驗十分豐富；她幫忙問事的態度非常用心；其客戶身分上至達官顯要，但也有很多是一般民眾，然而羅嫻老師待人始終如一，自始至終堅持著自己一貫的問事作風——謹言慎行、待人沒有高低貴賤之分，一視同仁相待。

羅嫻老師在待人處世之道這方面，絕對是只從善而不從惡！若是客戶在價值觀稍有偏差，她會盡力引導客戶朝向正面的思考模式，來判斷並執行各種問題解決的方法。一位命理師善念善行，不只能讓她自身活在當下、融入生活，更可以擁有極好的人際關係，她這樣的態度也深深影響了她的客戶——前來向她問事的客人，幾乎百分之百都非常從一而終地追隨著羅嫻老師。

面對前來問事的客戶所提出的各種問題，羅嫻老師總是無所不答，她的客戶回頭率相當高，正是因為她總能給予問事者應有的正確觀念與常識、精準的解答——一位好的命理老師，就是這麼的讓人心服口服！

若非羅嫻老師的工作資歷與豐富的執業能力，怎能有這麼完整的條件為讀者呈現並敘述出在命理五術界的翹楚與甘苦談！所以，我在這裡真心的向大家推薦羅嫻老師這本書《命理師在做啥》，值得您細細的品味閱讀，相信您也能從中獲得很豐富的收穫。

# 正氣的命理師，值得推薦

**林羅聖老師**／中華道教五術交流協會榮譽理事長

各位讀者，萬安……感謝您購買這本好書！在此向各位讀者介紹一位在五術命理界服務近三十年的一位老師——羅嫻居士。

我從羅嫻老師年輕時，即在工作上有所合作，至今依然。她在年輕時就已精通命理八字卜卦，找她問事的客戶眾多，到現在仍是如此！

羅嫻老師推薦前來找我諮詢陽宅地理風水鑑定堪輿時，都會驚訝的說道：「幾乎和羅嫻老師卜占解釋的內容解析差不多！」當我正感疑惑之時，客戶即拿出羅嫻老師事前所給予的詳細解釋，當中所提出地理風水或房屋細節狀況的注意事項內容，與我的地理勘查結果內容完全一致！與此同時，我才知道這是羅嫻老師介紹來的客戶。

從這些客戶的口中，我聽到了他們對羅嫻老師無比的信任與依賴，實在超出我的想像！他們多半會異口同聲的表達，他們對羅嫻老師既愛又怕受傷害的矛盾心理——

「愛的是羅嫻老師的真性情與體貼，就怕我們忘記她的叮嚀，不斷的分析與提醒，當然，我們也因而得以避開許多麻煩與錯誤。」「怕的是羅嫻老師血淋淋的解答與精準度，若是我們想聽到的解答，當然會很興奮，但是當羅嫻老師給予我們的解答是我們難以接受或沒有心理準備的時候，就會感到害怕了，因為從未來事情的發生、經過直到結局……都真的都很準！」

有時候，也會聽到一些客戶跟我抱怨羅嫻老師很凶，我常常也會私底下再與羅嫻老師聊聊，她會很直接同時語重心長地告訴我：「他們（客戶們）在性格、價值觀上已經有一些偏差了，如果我不當頭棒喝的敲醒他們！他們會將自己的錯誤、偏差的行為和觀念合理化，也可能因此失去自我本質的判斷與良善。」

在五術這個行業體制中，能夠針對前來問事者的態度、觀念偏差而願意正氣凜然的直言不諱、指出問題所在並且嚴格規範自我的老師，我相信一定有不少，但是，寧可激怒、得罪那些捧著許多錢前來問事的客戶，也不願改變其正直性格的人，我想，羅嫻老師絕對是那些少數人之一了！有道是「先生緣，主人福」，一點都沒錯！

最後，還是要好好的向大家極力推薦這位正派、感性又固守做人本分的羅嫻老師，相信在閱讀她這本書，你們也會喜歡上她的風格和真性情。

## 具名推薦

**黃文塗**／世界道教聯合總會主席

**陳殿明**／中華易經哲學會理事長

**蕭錫勇**／中華易經哲學會副理事長

# 幫助您走出自己精彩的人生旅程

陳順新／金融業主管

每天，我們在生活中與許多人互動、發生著不同的故事，有歡笑、有憤怒，同時也有令我們感到難過的。不知道大家是否跟我一樣，總是希望我們心中在意的事情可以按著自己期待的步伐前進。

然而，不論過程中我們多努力，結局往往不會像童話故事那般美好。

我在人生最迷惘的時候認識了羅嫻老師，起初，只是請老師透過占卜提點我在工作中所遇到的困難。慢慢的，在與老師有了更多的互動之後，我發現自己十分喜歡聽老師說道理與邏輯。

每每坐在老師工作室的後方等待時，總是會好奇前面這位客人所遇到的困擾，同時也聽著老師的說明。老師總是非常用心的在解釋著目前客人可能遇到的情況，並建議對方有哪些應對的方法、該如何選擇會比較適合。每當客人的表情或回答讓老師覺得我們還未完全理解、甚至充滿疑惑時，她都會努力地找更多的例子來解釋，期待我們可以理解自己當下的處境與她所給的建議。

老師對我的幫助很多，在與我的對話過程中，經常運用簡單的道理與邏輯敲醒了內心仍在掙扎、充滿執念的我。

我算是理性卻又有些固執的人，老師給予的建議與觀念，在理性的自己當中是完全認同且被說服的，但在我執著的那一面卻又無法當下立即調整。所以，我經常把老師分享的道理放在耳邊咀嚼，慢慢消化後成為自己內在的正能量。久而久之，當我在生活中遇到了相似的困境或不愉快的人事物時，我會默默想起老師曾與我分享的觀念，讓自己那不滿的情緒可以得到抒發。

心情平靜與專注在我們目前所做的事情上，懂得享受當下的每一刻，不論沉浸在工作或玩樂，都是最棒的！老師一定很期待我們能在她的建議下，減少浪費珍貴的時間在效果不佳的選擇，並盡可能避開我們身心上不必要出現的傷害。

《命理師在做啥》真的幫助到了我，我相信也期待，它能夠幫助更多的朋友走出自己精彩的人生旅程。

## 瞭解生命內涵並增加判斷能力

**陳毓襄教授**／享譽國際知名音樂家

認識了羅嫻老師之後，我學習到人們靈性思考的不同層面，更瞭解生命中的內涵，因此增加判斷能力，讓我的人生更有啟發和方向。

## 一位資深命理老師的心路歷程

**德馨**／知名藝人

人生就是一連串選擇的加總。

我們只能在所有的不確定性當中，盡其所能地做出一個讓自己不後悔的決定。

而卜卦，是古人的智慧傳承。通過占卜，可以趨吉避凶，更能從中找尋事物發展的脈絡。在適當的時機，找到正確的方向，進而做出最有利的決定。

羅嫻老師絕對是命理師當中的佼佼者。尤其老師占卜的準確度，無人能出其右。

除了卜象信息的傳達跟感悟能力，羅嫻老師更會逐一分析、建議，讓問事者瞭解，在天時、地利、人和之下，可以通過怎樣的努力達到更好的目標。

羅嫻老師藉本書分享身為一個命理老師的心路歷程，若您想要更瞭解命理，或是正身處人生的十字路口徘徊而舉棋不定，閱讀本書，必然可以得到滿滿的收穫。

〔專家推薦〕值得一讀再讀的好書　陳冠宇大師　003
正氣的命理師，值得推薦　林羅聖老師　004
〔具名推薦〕黃文塗／世界道教聯合總會主席　007
陳殿明／中華易經哲學會理事長　007
蕭錫勇／中華易經哲學會副理事長　007
〔受惠迴響〕幫助您走出自己精彩的人生旅程　陳順新　008
瞭解生命內涵並增加判斷能力　陳毓襄教授　010
一位資深命理老師的心路歷程　德馨　010
〔序〕命理師不應該是「靠一張嘴定人生死」的行業　019
Chapter1　是去算命，還是被命算　027
在算命中迷失自我　031
八字怎能說改就改　034
好話何不說第二次　037

固執己見，堅不信邪 039
宿命論與鴕鳥心態 041
身弱財旺是勞碌命 043

**Chapter2 只想聽好話，就別來問事** 049
無法面對真實的自己 052
自欺欺人也甘之如飴 055
暗喻博轉機，願當事者明 060
僥倖的幸運可持續多久 062

**Chapter3 無法預知的恐懼** 067
藉命理角度扭轉乾坤 070
第六感運用得宜助力增 073
命理諮商亦需親友扶持 075

**Chapter4 我救了人** 079
直言不諱，只願有所助 081

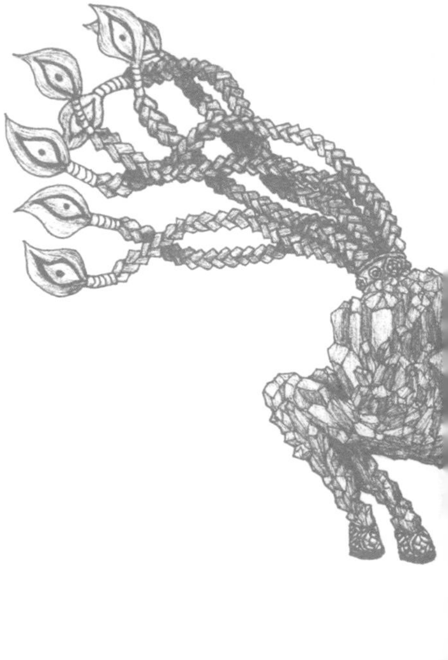

熱心引介，是對還是錯 083
不信任，貴人擦身而過 085
一語成讖，躲九一一恐攻 087

**Chapter5 不幫迷信的人算命** 091

心誠則靈，信心重於現實 093
到處算命，只為找安全感 095
問事卻坐以待斃，有何益 097

**Chapter6 傷心之餘，我還能做什麼** 101

坐以待斃不如主動出擊 103
事情不能如人意，就放棄了嗎 105
憤世嫉俗只為爭一口氣 108
不突破窘境就放棄，是逃避 110
理解人終生受八字影響 111

**Chapter7 靈界的感應力** 117

橫死而生怨氣的磁場 119
被靈體干擾而精神錯亂 121
自殺造成氣場風水不佳 122
無形女孩玩電鈴嚇租客 125

**Chapter8 遇見折翼的天使** 129
多聊些可逃離感情劫數 131
更強勢能否遏止悲劇發生 134
突破盲點，謹慎面對生命關卡 135

**Chapter9 重生** 139
分手好聚好散，別硬碰硬 141
革命情感難敵利字當頭 142
漏財想靠買房補，厄運加倍 144
萬人之上，受罰也首當其衝 146

**Chapter10 算命是一種「經濟學」** 149

愛情緣分不因時間而變 151
既是無緣卦象，就不該一昧強求 153
要算命，就該聽真心話、真答案 156
孩子的生涯規劃經濟學 157

Chapter11 **算命也可以是「生涯規劃」** 163
超前部署，發揮命理最大效用 165
壞運當頭，保守為重、不做決策 167
相同命盤經後天操作，人生迴異 168
別人能你也可以，且做得更好 169
過去未知與日後命運關聯緊密 170
姓名學的影響力僅占百分之五 173

Chapter12 **心靈導師** 177
稱職命理師的標準為何 179
讓客戶預見不同未來時能安心改變 181
變得更好才能幫助更多人 182

能先說的問題不用太擔心 183

結語 比好命、好運更重要的事 185

序

# 命理師不應該是「靠一張嘴定人生死」的行業

「不怕丟臉，我真的是一位愛哭的命理老師！」（笑）

因為命理師的工作和身分常讓我落淚——陪伴問事者哭，也陪著他們笑！這其中情緒的起伏很大，經常讓自己有些吃不消。

那麼，為什麼至今，我還繼續堅持著這份工作？待讀者看完我的告白後，心裡應該會有答案。

但在這之前，你可知道，理工科出身的我，在成為命理師的初期，其實是非常排斥自己這樣的身分和角色！因為小時候，常常看到一些女子，因為大人說什麼「哎呀！這個女人的八字是剪刀柄鐵掃把！會壞夫家！剋丈夫！不可以娶啦」、不然就是「這個小孩沒有好好教的話，將來不是大好就是大壞」……等，導致他們戰戰兢兢的過著鬱鬱寡歡日子，更有因為被算命先生說自己未來命運悲慘，抑鬱而終的！這些林林種種的因素，真的讓我深深的覺得「算命」是一個非常糟糕的行為！（疑）

而這箇中緣由主要是「欺騙」！

＊＊＊

對，欺騙！因此，讓我對命理師的工作與行為有既定的刻板印象，而且是不太好的那一種；感覺命理師就是靠一張嘴說說話（重點是——說大家喜歡聽的話，或是略帶恐嚇使人害怕的內容），幾乎每一位命理師都會說：「你這樣不好！」「你這樣不對！」「你接下來會有一個大難！」（驚）

是不是很可怕？是不是很讓人心驚？重點來了，他可能接著又會說：「你來找我真的找對了，我可是〇〇大師、〇〇神算，相信我，照我說的去做，你一定有救！」

此外，我執業後也常被問到：「老師，您的命理專業是祖傳的嗎？您是第幾代？」或是：「老師，我會找您問事，是因為您看起來很善良，應該不會亂騙人……」

沒錯，就是這樣的感覺！

在入行初期，我極度排斥從事「命理師」的工作，打從心底認為它就是一個騙人的行業，頂多就是個「安慰劑」；聽聽人們傾訴心事，接著來個打蛇隨棍上的解說，最後再說一些安撫人的話術（每個人都可以做得到的條件）——真的可以說是一點專業都沒有，就是個唬唬人、聊聊天就有錢賺的工作，再加上自己的個性並不喜歡聽別人說八卦、聊是非（這真的是人類惡習，這些閒言閒語通常一點根據都沒有），更不想探究他人隱私，所以您應該可以想像我對這個身分有多麼的抗拒吧！

剛入行的我，並不喜歡表面的形象包裝，也非常排斥浮誇的稱謂，所以並沒有加入任何與命理相關的協會或社團，也沒花錢買任何一張證書！在我心裡，增進自身專業的真正實力與條件，再加強個人執業的經驗值，比什麼都來得更加重要！

無奈的是，命理界大部分的狀況並非如我所願。

身為命理師卻排斥命理師的身分，實在很矛盾，所以內心其實非常痛苦。

不過，後來慢慢靜下心思考、回憶之後，我想起求學時期自己的志向是希望將來能夠成為一位體恤學生的心理輔導老師，可以有機會輔導那些因為升學而被讀書、考試壓力所苦的學生，或是因為考試成績不佳而被貼上「邊緣學生」、「後段班學生」標籤的孩子！（我真的很不喜歡這樣形容學生。）我希望自己能懂他們、瞭解他們，進而幫助他們找到自己，讓每個孩子在求學過程是快樂的，同時也能夠多認識自己，進而自己幫助自己！

說真的，這個時代的父母，工作生存壓力真的已經很大了，即使下班後回到家，仍然不一定會有足夠的時間陪伴孩子，參與他們的學習、成長，然而子女的教育不能等，孩子的心靈成長與充實更不能延誤！所以比起輔導老師，身為命理師，或許更能夠將服務照顧的對象擴大到社會上各種行業、各個年齡層的人，如果自己能夠盡其所能的認識他們、理解他們，並且透過「命理師」的專業協助他們面對各種生活、事業、家庭、經濟壓力……等各項考驗，讓他們得以發現問題、面對問題，最後順利的解決問題，那麼我的存在或許等於是間接幫助一個家庭，例如：讓身為父母的人開始有心力陪伴孩子成長……如此一來，命理師的工作和角色定位不但更加的清楚，也更具存在的意義和價值。

思考到這個階段，我終於建立起自己的「初心」和「命理師」這個角色之間的連結。慢慢的，我接受了這份工作和身分，心也跟著漸漸的定了下來……

＊＊＊

從事這個行業至今，我從來不曾也非常排斥站在桌前，揮舞著手，召喚路人進來算命。對於這一點，我始終非常的堅持，因為我打從心底認為，這樣應該會很嚇人。

真正的命理師，不應該是這樣低聲下氣的拜託他人來算命，或是好像在詛咒他人不好而要求他人來算命！在我的認知當中，**命理是在因緣具足下提供人們所需的幫助——命理師透過自己的專業能力為前來問事的有緣人解惑、指點迷津**，盡一己之力，這份工作應該是這樣的才對。

命理師的身分並沒有多神聖、多神奇，也絕對不應該是一份「靠一張嘴定人生死」的工作！而是一個除了要有專業能力，更必須具備嚴謹操守以及對自身「職業道德」高規格要求的行業。

成為命理師，執業至今已將近三十年，一路從「他們好像都不相信我說的話……」這樣的新手，變成現今「為什麼都被我罵，還是繼續找我問事？」如此備受信賴的命理師。過程中，自己也經歷「他們沒哭，結果反而是自己先哭」到「只要他們好，自己也都好」的心路歷程，就這麼一步步的慢慢成長與改變。

如今的自己，深怕當事人忘記我說的每一句話、每一個字，所以總是主動要求所有前來問事的人一定要全程錄音——是的！就是「請將我說的每一句話，每一個字，清清楚楚的錄下來，否則我就不說」。我還會一再要求客戶回家後一定要反反覆覆、多聆聽幾遍有關於問事內容、我所講解過的任何相關事宜的錄音檔，也希望他們能透過我的分析去更認識他們自己。

我不怕說錯或算不準而被抓住什麼把柄，**只擔心客戶有所遺漏或不完整的資訊若被斷章取義可能會導致的後果**。因此，我必須提出這樣嚴格的要求，也唯有如此，才能真正讓前來問事解惑的人深刻體會、感受我所要傳達給他們的訊息、清楚地讓他們弄明白針對他們所問的問題「最需要」、同時也「最重要」的解答，並且再加以融會貫通。

相較於當事人，我可是比他們更加緊張、更加憂心，深怕他們漏了什麼、忘了什麼，造成無法彌補或挽回的遺憾啊！

除此之外，我也從「能夠多說幾句話、多說幾個字」的苦口婆心相勸，轉變成「經過我自己多年的經驗思考判斷後，若有些事情或發展並不會對他們造成太嚴重的傷害、導致太多的悔恨的話」，我會選擇不多言。**因為這樣至少還能夠讓前來問事的當事人自己去闖一闖、承擔錯誤決定的後果，畢竟這也是人生經驗值的累積**，十分有助於他們「人格特質的培養並提升危機處理能力」。

我真的非常希望他們能夠成長、能夠自我突破；更希望透過自我改變，成為決定自己一生命運的主人。（雖然，偶爾會遇上少數不願意改變自己的問事者，導致我自己也會私下偷偷拭淚，為了他們的不改變而難過，但這畢竟是少數人！）

＊＊＊

是的，我個人十分認同「命運掌握在自己手中」這個概念。只不過，如果我們一點都不明白、不瞭解自己的命運——不清楚先天命格、運途發展，也不清楚當下正處於什麼樣的運程中，那麼又要如何掌握命運和未來呢？

這正是所謂「知己知彼，百戰百勝」的邏輯！先天命格中的自己，加上後天的修養與學習，知悉改變的條件及其可能造成的結果，同時要求自我不斷進步和突破，自此，「改變命運」的真正道理油然而生，這也是我身為命理師希望能引導有緣人的部分。

最後，希望藉由這本《命理師在做啥》，可以為您的生命帶來不一樣的啟發與體悟，能夠瞭解自身與命運之間的關聯性，創造「算命真的可以意義非凡」的價值，幫助您在人生中少走許多冤枉路——最重要的是，如果能幫助您找出生命存在的意義與價值，那就太好了！

Chapter 1

# 是去算命，還是被命算

八字命格的探討當中，有著許多與我們一般對文字的認知截然不同的釋意。理解這些文字用詞中的奧妙與哲理，是門令人好奇又興奮的學問啊！

善用對個人先天八字命格的瞭解，活用於生活當中——無論是工作、事業、財利、家庭、教育、感情、姻緣、健康……等生涯規劃——才是所謂「算命」真正的價值與意義所在。

「先有命運才有人？還是先有人才有命運？」

這道題目，看似簡單卻又有點難。

簡單的是——人未出生，怎麼會有命運?!

在我自己的認知當中，「先有人，才能有命運」這樣的說法，是我們使用肉眼所見所聞的認知。

怎麼說呢？

一位母親懷孕了，雖然孩子尚未出生來到這個人世間，然而實際上，那小小的胎兒在母親的子宮裡早已有了心跳——有了生命。待孕期滿四十週左右，胎兒誕生來到這個世上，有了屬於他自己的生辰八字——因不同的出生日和時辰，而擁有不同的八字命格運氣，此即為「先有人，才有命運」。

然而，當中其實還有更複雜的意義，這也正是我希望能夠透過這個題目，傳達給你們明白的真正義理。

「人生，真的很難！」相信短短幾個字，一定道盡許多人的心聲，尤其是能夠平安度過二〇二〇、二〇二一年而生存下來的人，必然更加感觸深刻！「人生，真的好難！」這兩年的許多意外、大環境變動、全球疫情……迫使我們不得不面對此一世代極大的考驗與挑戰！或許你身邊就有人，昨天還好好的，今天就突然聽聞其離世的消息——**「先有命運，才有人」，才是我對「命運決定了一切」的真正價值與意義解讀。**

數千年以來，人類是多麼的想逃離命運所決定的各種安排；我們抗拒著所謂的「宿命論」，然而，一旦殘酷的現實砸了下來，幾乎往往就擊垮了一切，也擊退了當初所有的雄心壯志。此時，如果你知道，未來還是可能擁有一絲絲希望，還是有機會遇上能翻轉人生的契機的話，你會選擇放棄嗎？

這個部分，就是我要分享給你們的解答——人與人之間的緣分，在我們還沒來到這個世界之前，就在冥冥之中有著一定程度的牽連！

「為什麼會投胎在某一名母親腹中，而不是其他人或動植物呢？」「這輩子與這個家庭有著什麼樣的關係？同時又會產生什麼樣的因果呢？」「這個人與那個（些）人彼此之間，又是因為什麼樣的緣分，才能夠在未來的人生中互相的扶持與包容？」「一個人又是帶著什麼樣的任務、什麼樣的使命，而來到這個世界生活著？」除了這些問題之外，我還常常思考：「如果自己離開了這個世界，又有多少人會記得我、知道這個世界曾經有過我這個人存在呢？」「我在大家心中留下的記憶是好還是壞？是值得讓人懷念，還是只是個路人甲？」

**肉身，只是靈魂借住的一個空間；命運，則是與靈魂緊緊的牽繫著。**所以，我才會想跟各位分享——命運與人的先來後到；我個人傾向「先有命運，才有人」。

現在你知道了，區區肉身只是我們借來表達自身行為的軀體，心靈的提升才是真正的價值與存在。那麼，如此難得能來到世間走上這麼一遭，為什麼不讓這一切變得更具意義、更加精彩？

## 在算命中迷失自我

有一位三十來歲的女個案前來找我問事，她一臉半信半疑，一開口就說：「我找過很多算命老師……」

什麼！找過很多算命老師?!我忍不住納悶，但仍繼續聽她說。

「有很多位命理老師不約而同的告訴我，出生時間不對！其中有兩位命理老師透過排盤表示出生時辰應該是『辰時』，至於其他的老師，有人說是『未時』，但也有人說是『戌時』……」

我忍不住插嘴，直接回問：「妳母親忘記妳是幾點出生的嗎？」

女個案表示，母親說應該是「卯時」，但是那些算命老師都說母親記得的時辰不正確，認定應該是這個時辰或是那個時辰。

我接著詢問：「妳也認為母親記錯了？何以見得？」

原來，她覺得每個命理老師所算的結果都不像自己，也坦白告知對方，結果老師推測應該是她母親所給的出生時辰有誤，所以才會不像，最後更導致這些命理師直接自動改造了她的出生時辰。

聽完，我真的有「臉上三條黑線」的感覺！不過，我沒有多說些什麼，只是堅持使用她母親所記得的出生日期和時間排盤！待告訴她所排命盤得知的結果，她皆點頭如搗蒜，然後有些興奮的告訴我：「這就是我呀！很準耶！」

於是我接著問她：「妳不是說母親所給的出生時間不對嗎？」

她頓時就愣住了，問了我一句：「老師，所以我媽媽所說的『卯時』才是正確的耶！」

諸如此類的案例層出不窮，實在令人深感無奈。怎麼會算命算到最後，就連自己的出生日期、時辰，都因為命理老師一句「出生的時間不正確」而全盤否定？或許真有這種可能，不過一定有什麼原因，否則記錯出生時間而被命理師竄改的機率實在太低了，也真的很不可思議！然而，就是有這麼多人因為算命老師所說的幾句話，就連自己的出生時日都能日異月更，還質疑、瓦解一位母親對兒女出生的寶貴紀念和記憶！

在前來找我諮詢的當事人中，經常聽到有人說，某某命理師跟他說要怎麼做才可以、這樣做不對……等，緊接著又提到，這跟另外一位命理師給他的建議不一樣，或根本是完全相反的論調……最後找上我問道，自己到底要聽誰的、究竟誰說的才正確？

不論是面對他們或是現在正在讀這本書的你，我都要說，**至少在沒有什麼特別值得懷疑的證據的情況下，你得要相信自己所提供的生辰八字資料是正確的**。以這位女客戶為例，先不論命理師如何解讀命盤，至少父母所提供的最原始資訊，豈能無緣無故、無根無據的說改就改（除非家人真的忘記了）？

## 八字怎能說改就改

從這個離譜的事例可進一步延伸討論，也是時有所聞的一種「處理方法」——改八字。

沒錯！我說的就是「改八字」。

我想提醒讀者好好思考一下這個問題——八字真的可以說改就改嗎？

另一位女性的問事者前來諮詢，主要詢問一段感情婚姻的緣分。我想同時運用命盤和卜卦幫她算命，再搭配男女雙方的八字命格一起解讀。

沒想到，一開口詢問她的生辰八字（出生年、月、日、時），她突然非常著急的向我表明，剛才卜卦問事前所冥想的生辰八字是更改過的；換言之，並非她真正的生日。她問：「老師，這樣卜出來的卦還會準嗎？」

我非常清楚的回答她說：「以『卜卦』來說，無論是否有清楚的說出自己正確的生辰八字，都不會改變卦象的結果！因為在這個世界上，真正的妳只有一個，而妳所問的指定感情對象，也就是心裡很想瞭解的這位男性，當然也別無他人。『一事一占，二事不一占』，所以占卜時所提問妳與某位特定男士的感情、姻緣的緣分與發展，卦象給妳的解答，一定就是在回答妳與這名男士的關係、緣分以及未來發展。

「因為這樣，不論妳是不是知道對方生辰八字，抑或妳忘記自己的生辰八字，結果都不會受影響——因為妳就是妳，他就是他，不會因此而有所改變。更進一步來講，即使妳改過八字，但在冥冥之中干擾或決定一生的還是真正的原始生辰，因為這才是真正的妳，而且絕對不可能被改變。」

對話至此，我接著詢問她真正的出生年月日時，並據此做命格的排盤，發現這名女子會有多次婚姻並具有剋親傷子的命格。聽完，她急忙追問，為什麼家人要更改她真正的八字，還不允許自己告訴別人真正的出生年月日時。

其實，背後的原因或許不難猜測。

在過往透過相親、媒妁之言訂下婚姻的年代，像這位女個案「會有多次婚姻」的八字，若是提供給媒人婆安排合婚相親，萬一真相曝光，媒人婆很可能因此失業。一般人家都不希望好好一段婚姻因為命中註定會出現問題而離異；或許一方面擔心沒有人會願意與有這樣「八字命格」的人結婚，另一方面也擔心會拖累對方的家人而造成損傷，女個案的家人才會在不得已的情況之下，聽從命理老師的告誡，重新為女個案編排一個婚姻關係、生活家庭樣樣都好的生辰八字，做為能夠順利相親的標準配備……

其實，應該也有很多人聽過一些命理老師提起，挑選一個八字命格、運氣樣樣都好的新八字，原本的壞運、歹命也會全部一掃而空，其背後的含意就是：換一個全新八字命格面貌就可以改變一切，進而讓惡運不隨身，這個邏輯就跟整容可以改造面相一樣。

只是，這一切的改變真的有用嗎？**畢竟一個人的出生時辰是既定的事實，改八字只能算是種名義上的更改，還是改變不了鐵一般的事實啊！**

對於「改八字」這件事，我認為──**心理層面轉變所造成的影響力，恐怕大過於改八字的真正效果**。

當人因為改八字後，相信其力量而產生自我暗示（自我催眠）的效果，進而感覺愈來愈好，最後產生重生的奇蹟──這種心理的安慰和自信心的再造，有時候就如同一個脫胎換骨般的機會，讓人對自己的生命重新燃起希望和期待。

或許，這才是改八字真正的用意所在吧！

## 好話何不說第二次

「老師，您都讓客戶錄下問事過程中的所有對話，這樣怎麼賺錢啊？」一位女個案在問事時突然問道。我有點納悶，不明白為什麼她會有這樣的疑問？沒想到，追問後卻聽見她說：「有全程錄音，日後一旦還有疑問，只要聽錄音內容就好了，怎麼還會有人再來找您問事？」

其實，算命占卜界很久很久之前，就一直流傳類似的俗諺：「好話不說第二次！」「天機不可洩露。」這似乎是許多命理師心中拿捏的一套規矩，然而，大家只要仔細想一想，無論在哪一種情境下他都會堅持這套規矩嗎？當面對的是自己的親友，是否也會一視同仁，好話不提醒第二次、甚至多次嗎？以此情境反問各位讀者，我想，每一個人都應該可以明瞭——是的，面對親愛的家人，要他不提醒第二次是很難的，說不定還會有第三次、第四次或是更多！

或許，我是一位太過傻氣的命理師！我真的會一直擔心每一位問事者——怕他們沒聽懂我的意思、怕自己解釋得不夠清楚，反而耽誤了幫助他們解決問題的良機……最後，我終於想出一個好辦法，那就是——錄音！沒錯，就是請每一個個案的問事者，清楚地錄下問事過程中，我所說的每一句話。

我自認這是一個很棒的方法，除了可以不怕他們忘記我的提醒，再則對於問事當下懵懵懂懂的內容，問事者返家後可以邊聽錄音邊思考體會，甚至若多聽幾次，說不定還能舉一反三、靈活運用，創造出自己的一片天！

當然，也有不少客戶會有與這位女個案類似的疑問，替我擔心他們一旦有問題，只需要再聽聽錄音，不會再來找我解惑，也就減少收入（賺錢的機會）？甚至還有人問道，不怕自己一旦算不準，想遮掩辯駁但又已經全被錄下？

是的，我不怕自己算不準！

倒是害怕問事者漏聽我所說的哪一句話、哪一個字。如果因此而錯失改變自己、突破問題而逆轉勝的機會，我才會真的感到不安。

有問題不會再來找我是嗎？那有什麼好怕的。問事者能自己想辦法處理問題，掌握關鍵而突破藩籬、改善現況……我高興都來不及，怎麼會擔心?!

能夠藉由一己之力對前來問事者給予一點小幫助，看著他們化險為夷或順利、成功完成心中所想，可是一件頗具成就感的事情呢！

## 固執己見，堅不信邪

有一回，一位客戶急忙找來，希望我能夠臨時安插他問事的時間。聽見他如此著急的口氣，我推測，他必然遇有陷阱之事，而且即將發生！果不其然，問事當天，他告訴我目前有個可以讓事業翻身的機會，想卜個卦，察看是否有機會得標某一個工程標案。

我立刻為他卜卦，結果，卦象非常的不好！標不到倒好，反而可以逃過一劫；要是真的標到了，那可是負債的開始啊！外加一連串大大小小的官司，甚至可能陷入牢獄之災……簡直是太可怕了！雖然這個標案的獲利的確是可以上億，但是過程中會出現人為因素的不合法變相加工操弄，並且將會導致整個工程案的停滯與工程人員傷亡，所造成的損失與傷害將難以計數……

我為他解讀卦象，但他卻完全無法接受也不願意相信。沒多久，他又請家人替他前來問事——原來，他將標案負責人改成朋友名義，企圖重新占卜，冀望透過不同八字命格的人重新主事，可以獲得好的標案機會，讓公司未來命運得以翻轉。

不過，即便更換負責人，重新問事卜卦，結果依然不好。因為問題是出在此工程案本身的基本面已經不合法了，即使換了不同人去標，此案的結果也必然相同啊！

也許大家可能覺得意外——為什麼前來算命卻不相信任何提醒？其實這樣的情況還真不少；更別提那些被家人、朋友強迫來算命的人了，每每都是抱著來踢館、看笑話的心態！我只能說：這樣的人比比皆是！

會出現這類「不信邪」心態的問事者，大多可分成兩類：一種是運勢不佳，一旦眼前有個「看似」很好的機會，當然不願意相信這個機會不好，因此反而更會害了自己；另一種是對算命抱持不同意見的人，這種人通常慣於理性思考，認定「人定勝天」，因此會有這樣的想法其實很自然。

不可否認，如果擁有相對平順、安全、快樂的生活，相信多數人都會認定算命根本是無稽之談，然而若有翻身的機會，什麼都想試試。

只是是否可以好好捫心自問，既然如此，為什麼遇上一連串不平順後，又會想透過算命解決問題，或是把眼前的逆境、挫折或失敗歸咎於「運氣不好」？

再換個角度思考，如果能在問題發生之前就有機會瞭解自己在謀事與命運之間的利害關係，並且有所預防，結果是不是可能有所不同呢？掌握命格先天的良機與優勢，避開不當的選項，借力使力，再加上個人後天的努力，最大化成功的機率，難道不好嗎?!

以這個問標案的事件為例，固執己見的認定這個機會就是改變或突破眼前一切的浮木，殊不知箇中問題，絕不會因為自己假裝不知道就不存在。唯有看清事實真相，面對問題，才是轉危為安或是好上加好的唯一方法。

## 宿命論與鴕鳥心態

曾經有一位女客戶告訴我，自己一直不敢排八字命盤，只算短期內的流年與占卜問事。我感到非常困惑，追問其原因，這才得知，她將「八字命盤」當成「定自己生死」的生死帖了。對她而言，得知八字命盤等於清楚一個人一生命運的好壞，而命運無法改變，如果算出來是好的，那就還好；若是不好的，那不就完了?!既然如此，還是不要知道的好，以免影響到心情。

聽到她如此解讀命運，我真的覺得十分「母湯」。知道八字命格所呈現的好與壞之後，我們真的就只能認命嗎？答案——當然不是！

明白「八字命格」對自身的影響，對於瞭解自己過去與未來可以具有較正確的認知與觀念，以及預防準備。對此，算命相對是一個助力，而非防礙自身命運好壞的阻力啊！

那麼，我們應該怎麼運用這個助力呢？

正確的運用「八字命格」對自身性格、觀念的影響，以及明白個人「八字運途」的趨勢變化及走向……等，你就會知道，自己容易有什麼心態、選擇和行為，不好的要提醒自己，好的就維持下去，也會清楚什麼時候適合衝刺一下、什麼時候應該保守潛沉，**如此瞭解吉凶並做出應變，借力使力，其實才是「對自己生命最佳且負責任的安排」**。

前來問事的人，在知悉自己的命格與運氣後，反應有時非常兩極。有一部分的人在瞭解自己命格後，因為太過宿命論或矯枉過正，反而變得過度消極與憂心，這的確會導致算命的反效果；他們非但無法面對問題，逐一化解危機，更可能還會體不安席、食不甘味。

另外一類的人，則是在問事瞭解命運後，因為無法接受命理師告知的結果，忍不住告訴自己，這是不可能的事！不準，不準！一定不是這樣，這種事一定不會發生……企圖以自欺欺人的方式拒絕面對問題、逃避現實，甚至乾脆為自己洗腦，假裝從沒來找過我問事，當這一切從未發生過……這其實很可惜，因為這樣等於自己放棄改善僵局、突破盲點的關鍵，更失去透過算命讓自己擁有足夠時間，化解危機與獲得轉機的本意，實在是得不償失啊！

如何有意義的規劃、以具建設性的判斷先天八字命格與後天個人一生的作為（無論過去或是未來），這兩者之間銜接著密不可分的微妙關係，此時此刻操縱這項變因的權杖可以緊握在手，一生得失好壞的關鍵因素，也就因此油然而生。

## 身弱財旺是勞碌命

常有客戶問道，什麼是「身弱財旺等於勞碌命」？他覺得自己的財運並不旺。的確，算過命的人應該常聽到這句話。究竟「身弱財旺是勞碌命」代表什麼意思，背後又有什麼樣的暗示？

在八字命格當中，「身弱」之人代表這個人在一生中需要積極、大量的經營各種人際關係，因為有這個八字命格的人若沒有貴人提攜拉拔，想生存是非常辛苦的事——沒有貴人相助，一樣可以生存；但若有貴人的相助，可以少走許多冤枉路。

至於「財旺」……在此特別提醒大家，「財旺」絕對不是指「財運很旺」！如果還這麼想，那可就大錯特錯了！此句的「財旺」泛指一個人有著強大的得失心、控制欲……等方面的價值觀與性格；其中的「財」，意味著十分執著所得利益，而且擁有非得想盡辦法占有不可的欲望。

簡言之，「身弱旺財」就是一個人的得失心受到八字命格條件影響，導致非常不懂得放下、生活也不太懂得放輕鬆；對於生活中所有大小事，常常抱著害怕失去一切的錯誤心態，進而因為「得失心」非常嚴重，衍生成具有非常強烈的「控制欲」，如此心態已然超越「責任感」，甚至很可能演變成另一種「自私」心態！再說得更完整一些，所謂「身弱財旺」就是這個人因為不懂得取捨、放手，害怕吃虧、恐懼失去、憂心做得不夠好，所以什麼事都只靠自己辛苦的親力親為，因為希望一切都能夠掌控在自己的手中！如此一來，「勞碌命」之說自然就由此而生了！

回到前面所提，這就是「身弱」命格之人需要貴人相助，才會比較容易生存與成功的原因。想想，若是什麼事都緊抓著不放，凡事親力親為的付出，哪裡來的「不勞碌」之有呢？

**八字命格的探討當中，有著許多與我們一般對文字的認知截然不同的釋意。**理解這些文字用詞中的奧妙與哲理，是門令人好奇又興奮的學問啊！

善用對個人先天八字命格的瞭解，活用於生活當中，無論是工作、事業、財利、家庭、教育、感情、姻緣、健康……等生涯規劃，才是所謂「算命」真正的價值與意義所在。如今占卜蔚為風潮，早已不見「算命是件非常可怕的事」那種刻板印象，更不是「萬一去算命，聽到什麼不好的內容，就是命中註定的宿命……」這種可怕感受！算命算來算去，到最後反而變成「算命老師說我是婚姻中的第三者，那麼我就應該真正的去當第三者介入他人的感情世界！」抑或是「我會有錢，那麼不用憑實力付出，就可以變有錢人……」等等錯誤觀念。

「究竟是你去算命，還是被命算？」如果是你（妳），答案會是什麼呢?!

* * *

許多人對算命充滿好奇，既愛又怕受傷害；充滿對命運的求知欲，以及面對知道結果好壞後的心情起伏等等矛盾爭扎。人們希望命理師說出實情，告訴自己真實的情況；另一方面又害怕面對現實或是得到的答案與自己原先預期的不同，甚至有很多人只能接受命理師說出自己心中已經設定好的答案……在這樣矛盾的心情之下，反覆的舉棋不定，最後反而為自己換來到處問、到處算命的窘境！

還有一類人，則是完全不相信算命，認定「沒自信的人才會去算命」、「相信算命就會失去自我」，好似算了命，人生就會像完全照著命理老師所說的去發展……等。

諸如此類的迷思，其實一直存在你我生活中——就像有人把「信仰」當作精神上自我安慰的支柱，不論是西方的占星術、塔羅牌或是東方的紫微斗數、子平八字、易經占卜，也可能會是某一群人生活當中力求心安的必需品。

然而，這樣的算命觀念是不正確的！古史中記載，歷代許多君王信任國師的占卜及易象變化，並且運用占卜參與謀略的計畫。《易經》是中國漢族最古老的文獻之一，被儒家尊為「五經」之始；上古時期，三大奇書就包括《黃帝內經》、《易經》、《山海經》，其中《易經》以一套符號系統描述狀態的「簡易、變易、不易」，表現中國古典文化的哲學和宇宙觀。它的中心思想是以演繹自然運行的內在特徵與規律、解讀陰陽的交替變化，藉此描述世間萬物。

八卦是《易經》的基本概念，可代表一切自然現象的動靜狀態，每個卦由三個爻組成。「卦」有「懸掛」之意，也代表將各種現象的標示豎立以便於觀察。八卦的項目組合可代表各種自然現象或動態，分別為「天、地、水、火、雷、風、山、澤」，卦名則稱「乾、坤、坎、離、震、巽、艮、兌」。《易經》的八卦代表古代中國的天文地理哲學等等文化思想，其中的理論還涉及武術、中國音樂……等項目。

《易經》最初用於「占卜」和「預報天氣」，其影響力遍及中國哲學、宗教、政治、經濟、醫學、天文、算術、文學、音樂、藝術、軍事和武術……等各方面，是一部無所不包的鉅著。它在《四庫全書》中的經部，是十三經中未遭秦始皇焚書之害、也是目前史上第一本哲學書，更於十七世紀被引介至西方。

如此鉅著，怎能說是騙人的把戲？如果它真的對人類沒有幫助，就不會留存至今，況且顯而易見的，如今仍有這麼多人持續運用這門學問，唯一會讓人對《易經》有所質疑的關鍵就在於——遇到什麼樣的命理師？而這樣的命理師又要帶領你進入什麼樣的命理諮詢模式？

這是非常重要的環節。如果運氣好、緣分佳，就可能有幸遇到正派又有職業道德的好老師；運氣不好則可能遇見趁火打劫的人物！是的，選擇一位具備足夠專業的命理師，真的很重要，而這樣的一位命理師，除了需擁有客觀的觀察力與豐富的經驗之外，還要能對前來尋求協助的問事者視如己出，用心扶持、為其解惑，這其實才是更重要的關鍵。

是你去算命，還是被命算？

這一切，全然決定於**自身的思想與作為**！

Chapter 2

# 只想聽好話，就別來問事

當我們對未來感到不確定、缺乏安全感的時候，大部分的人會選擇逃避，不想面對，更有甚者心存僥倖，欺騙自己，「事情不會是這樣的！」這種把「不面對」當作「不知道就沒事」的心態，實在讓人哭笑不得，有時我真的很想用力搖醒他們，「你真的認為摀住耳朵、遮住雙眼當作不知道，事情就不會發生？」「連正視、面對都不願意，問題到底要怎麼解決？」

「命是不是會愈算愈薄、愈算愈壞？」

記憶中，在我非常小的時候，常常會聽到人家說：「如果做了一個好夢，千萬不可以說出來，否則就會不靈驗了……」事實上，我也曾經想過，「命會愈算愈薄、愈算愈壞」的說法，是否也是同樣的道理？

不過，真正的答案當然並非如此！**我在這個行業已經近三十年，並沒有見過「命愈算愈薄，愈算愈不好」的真實案例，一個都沒有！**相反的，一些只想聽好聽話、到處算命，最後問到失去自我的人，倒還見過不少。這種人要特別注意，一旦遇上不肖的命理師，不只無法真正化解問題，反而會更容易失去自我，整個人像是著了魔般走偏了路。

當我們對未來感到不確定、缺乏安全感的時候，大部分的人會選擇逃避，不想面對，同時心存僥倖，欺騙自己，「事情不會是這樣的！」這種把「不面對」當作「不知道就沒事」的心態，實在讓人擔憂，有時我真的很想用力搖醒他們、告訴他們，「你真的認為摀住耳朵、遮住雙眼當作不知道，不聽、不看事情就不會發生？」「就連正視、面對都不願意，問題到底要怎麼解決？事情會自己改變嗎？」

然而，我相信大部分的人都希望能夠解決問題；面對現實問題的時候，我們大都希望結果能夠有那麼一點不一樣，只是有足夠的勇氣、意志力直視問題加以化解的人，卻沒有那麼多。即使已經是成年人的你我，有時候還是會像個孩子那般，懷抱駝鳥心態——「沒看到、不知道，就等於問題不存在」，好似這樣自我欺騙，不去看清眼前的所見所聞，一切就會自動變好！

這樣的心態，只會導致問題懸宕，即便東跑西尋不同命理老師算命、問事，依然無解，實在糟蹋立意良善的算命，弄得迷失方向、迷失自己，也失去對命運的掌控權——命，就是這樣才會愈算愈薄、愈算愈壞的啊！

## 無法面對真實的自己

有一回，一位女客戶帶著男性友人前來問事。一坐下來，他就表示自己有特定對象，想要詢問感情。

我開始為他算卦，針對提問解讀卦象，「你和她不會有長遠的發展。你們最後會分開，各自再遇見更適合自己、更有緣分的好對象。」

沒想到，話一說完，這名男子立刻拍桌起身，整個人大翻臉，還出言恐嚇——

「不準！」「我看妳還能做多久！」

為了安全，我立即請其他熟識的客戶幫忙報警，並同時試圖與他好好溝通。

一見我請人報警，他原想立刻離開，不過身旁的女性友人卻不打算走，於是他只好轉身走到屋外，邊抽菸還不忘往屋裡覷看。

見他離開，我便告訴陪同前來的女士，「其實從卦象就可以看出，妳這位男性友人所問的特定對象已經結交其他男朋友。我沒有直接告訴他，是因為不能說。妳要好好聽清楚，卦象還顯示這個人有暴力傾向，會對女朋友拳打腳踢。」

正因為從卦象可得知他具有暴力傾向，所以才不能當場坦誠相告女方已有對象的事實，尤其我心知肚明，這位女子就是男性客戶所指的特定對象，儘管他們沒有明說。

「如果我說了，妳回去一定被暴力對待或軟禁！」聽我這樣一說，她整個人嚇了一跳，但不完全是因為我告知她這件事……

她震驚過後，好一會兒才緩緩說道：「老師，真的非常謝謝您剛才沒說出真相。其實早在一年多前，我就已經被打到昏迷而緊急送醫。出院後透過朋友介紹，曾來找您問過這段感情，那時候您告訴我，『妳這位男朋友有嚴重的暴力傾向，請一定要小心保護自己！』當時我也同樣嚇了一大跳，心裡十分訝異，自己什麼都沒告訴您，您竟然就看出來了！那時自己是第一次找您問事，與您也不熟，不好意思提到被打到住院，那天才剛出院！沒想到，我今天一樣什麼都沒說，您還是全都看出來了！」

聽到她這樣說，我也才跟她表示，雖然自己一看到她，就覺得似乎有過一面之緣，但是並沒有認出她是曾經來找過我的個案，所以究竟曾問過什麼事，一時之間還真的想不起來。於是我向她探詢，這一次是為了什麼問題而來？

她提到和這名男性分手已經將近一年，最近對方想要復合，她告訴他有位命理師說他有嚴重的暴力傾向，而且兩人之間並不會有結果。這位前男友當然不相信，只覺得她是為了拒絕而胡說八道，硬要她帶他來會會那名算命師——也就是我！

其實諸如此類的事情經常發生，**要面對真實的答案，真的需要勇氣**，即便是這個案例中的男客戶，曾經把女朋友打得必須住院，或許都還很難接受自己有暴力傾向的事實（甚至可能還會自我安慰或找藉口說是不小心太大力或怪罪是女方讓自己失去理智之類的）。

每當問事者高興的與我談話時，我心裡頭總是想著，如果等一會兒我告知他的答案，不是他心中想知道的正面解答（問事者心中好聽的答案），他還會覺得我好嗎？

答案是——當然不會！

這些年來，我其實已經挺能接受這個事實——這就是人性！只要能設身處地站在對方的立場思考，就會明白如果是自己聽到自己都不能接受的答案，光是「冷靜」兩個字該怎麼寫都可能忘記，怎麼還能夠顧及其他人的感受呢？

所以，我怎麼能夠強求他們要管理好自己的情緒？（不過，保護好自己的人身安全還是很重要的，就樣命理師想要進一步和個案好好溝通或進一步安撫、給予有用的建議，也才會有機會。）

## 自欺欺人也甘之如飴

還有一位問事者，她原本只是陪同事前來問工作運，後來在同事慫恿之下，才問了跟男友感情發展有關的問題。

我在卜了卦之後，明白的告訴她，她和男朋友之間出現了第三者：「妳的男朋友已經另外有女朋友了！」也就是說，她的男朋友正「腳踏雙船」當中。

她聽了之後，故意回問我說：「您說的第三者是不是公司主管？」她接著表示男朋友常常被主管要求加班。

我於是問她：「他的主管是女性嗎？」

她回答說：「是男性。」

我只好問她說：「妳男朋友是雙性戀嗎？」

她說：「不是！」

其實我知道，這位問事者已經陷入「自欺欺人」的矛盾掙扎之中，她下意識想要否認男朋友出軌的事實，故意問些問題，想要證明算命師算錯或不準。

大約又隔了一週左右，當初和她一起來的那位同事帶著自己的家人來找我問事，同時也跟我說了那位小姐的近況。原來，在那位小姐問事完回去後的第三天，她男朋友身邊的另一位女性，用她男朋友的手機主動打電話給她，要她放手，別巴著已經不愛她的男人不放。對方明明白白的告知這位不願面對事實的小姐，自己才是那位腳踏兩條船的男性現在進行式的女朋友（所謂的現任女友）……

這樣自我欺騙的案例，還真不少。另外一位個案的故事是這樣的——

某一天，有一對情侶來問事，在還沒有輪到他們時，小倆口坐在候位區等候的時候，簡直是你儂我儂到分不開，擁抱、親吻……樣樣都來。放閃到我不時會分了神，內心想要提醒他們，請你們稍微控制一下，這是公共場合，現場還有其他人在……

終於，輪到這對濃情蜜意的情侶問事了。我開口問他們說：「這次來是想要問什麼事呢？」男方解釋，主要是女朋友的家人——特別是女友的母親——十分反對他們倆交往。他們實在不知道該怎麼辦？所以希望我能夠給一個方向，好心裡有個底，知道下一步該怎麼去處理與面對。

在為男方占卜過後，我瞪著結果，心裡頭暗想著：他是在耍我嗎？還是故意想測試我的功夫？

只一瞬間，我決定老實提出自己的質疑，回問眼前這名男性：「你這星期都要結婚了，娶的還是其他女人，為何還要向我詢問你與身邊這名女子之間的感情事呢？」

其實我當下內心非常的憤怒。

沒想到，他竟然完全不否認，還立刻回我說：「老師，既然已經被您看出來，我可以再多問一件事嗎？我給您我未婚妻的八字，您一起幫我看一下，我未婚妻跟現在坐在我旁邊的女朋友兩人的八字與個性，我娶誰為妻比較合適？」

此時我已經有些難掩怒火，直接回他：「你自己應該很清楚，何必問我？」

這兩名女性的八字與命格所形成的性格，南轅北轍。他的未婚妻是屬於比較傳統的類型，會以家庭為中心，也願意侍奉公婆、相夫教子；坐在他身旁的女朋友，雖然愛惜自己身邊的男人，但是她眼中就只有他，至於他的家人、婚姻的束縛、生兒育女等等未來，皆非她所好。

這兩位女子的命格明顯受到八字影響，其所呈現的性格與價值觀我瞭如指掌，但要直言不諱、血淋淋說出口，還真有些於心不忍……

更令我感到不捨的是，在這對情侶一同離去後沒多久，男客戶的那位女朋友馬上打電話問我：「老師，如果我還是留在他身邊，可以嗎？」

我回問她說：「妳不是知道他這禮拜就要結婚了？妳還要留在他身邊做什麼？」

沒想到我竟得到這樣的回答：「我可以默默等他，安安靜靜的繼續當他女朋友。」

電話這一頭的我聽到這個回答，心裡頓時滿是惆悵……

有時候，問事者在得到不如他們預期的好答案之後，不願意面對事實，乾脆催眠自己，自欺欺人。不是放棄去面對、處理問題，無視於它的存在，就是自己欺騙自己，執意的依然故我，因而未能掌握住化解危機的關鍵。

於是負面的情境還是發生，再因為這樣的結果而憤世嫉俗，怪天怪地、怨天尤人……

其實，**只要能夠願意面對自己、面對問題，就有機會改變結果**，不然至少也會獲得人生中一個很好的成長與處理事務的經驗——正視問題的所在，好好保握改變窘境的機會，勇氣和智慧將因此而生。

如果想從算命當中得到某些幫助，願意面對問題是很重要的關鍵與前提。

## 暗喻博轉機，願當事者明

一天，一名女士陪同丈夫來問事，想要瞭解丈夫的八字、命格及運途，以及未來的發展上有沒有需要注意的事項。

我仔細的查看，發現這位先生的八字命格與目前的運途應該已經遇到一段「桃花劫」，不過當下夫妻倆同時在場，而且我認為妻子應該無法阻擋另一半所做的事，所以我選擇「提醒」她的丈夫。

我明白告訴他們，要請先生多注意未來身邊可能出現的女生，她或許會介入兩人的婚姻，並且影響到丈夫的事業運途。

沒想到這位先生立刻暴怒：「妳在亂說什麼！小心我告妳。」

他接著轉頭看向身旁的妻子，很不開心地說：「把錢付一付，我們走！」

我看向妻子，她的神情很冷靜、很淡定，當下我便明白，她其實已經知道丈夫有外遇，但根本不想離開他。

我看著兩人又對先生說了幾句，他終於願意坐下，好好聽我把所看到的講解完畢。我小心翼翼的將整張命盤做了最有效率的運用與解說，希望他們能夠因為我的講解，為接下來的人生中做出不一樣的選擇，能發揮這次算命最佳的作用。

有些時候，問事者並未做好心理準備就前來問事，當我清楚告知一些解說答案前必要的心理準備時，他們多半會回說自己已經做好聽實話的打算。

雖然得到保證，對在針對問事者所提出的問題做出解答時，我多半還是有些顧忌，只能慢慢的邊說明邊觀察他們的反應。

很多時候，自己所擔心的情況還是會發生了，尤其當所答覆的內容必須從問事者自身改變的角度出發，或是與他們原先預期的答案相反時，都會出現極大的反彈與抗拒。

接下來的溝通必然是要進入超級混亂加上些許的（語無倫次）對話，不過我終究還是得協助他們靜下心來思考，慢慢的抽絲剝繭、協助釐清問題並找出解決的方法。

## 僥倖的幸運可持續多久

這天，來了一位漂亮的小姐。她表示要問官司方面的問題，因為被告了。我幫她查了一下後告訴她，應該不會有什麼太大問題，可以過關。

沒想到，她竟然接著問我，有沒有機會可以再次從本來要對她提告的男士身上獲得利益、得到好處。

我當下真的感到很傻眼，在內心吶喊，妳占了別人的便宜，也做了一些不為人知的欺瞞行為，並且從中獲得了利益。最後東窗事發，差一點被對方提告，竟然還不知道要檢討自己，甚至心存僥倖，想要再冒一次險！

這樣是不是在助紂為虐？我忍不住這樣想。

為了避免這樣的情況，我事後花了許多的時間、利用許多機會不斷的開導她，但是她仍然我行我素，一直用這樣的方式在過生活……終於，在屢勸不聽的情況下，逼不得已，我只能對她下最後通牒，我跟她說：「妳必須以仁義、道德的標準來行事，否則就不要再來找我問事了。」

我為什麼會說是逼不得已呢？

因為這是我給自己訂下的原則：禁錮自己——在為每一位問事者解惑時，算命師一定要有耐心，以包容與體諒的觀點去面對他們。只是面對像這位女客戶這樣的人來問事，其實會很擔心，自己的包容和體諒是否製造出更多受害者？而且也會害了她本人（惡習不改）。

雖然我以這樣的原則拒絕她，這位女子仍然有辦法讓我心軟，一次又一次的試煉我的底線。我們倆形成一場拉鋸戰——她的一錯再錯對抗我的持續掙扎。

類似的事件，層出不窮，頻繁出現在不同的問事者身上，終於是非與道德的譴責擊垮了我，那時我成天想著，應該在大門入口處貼上一張公告——

如果你（妳）知道自己不夠善良，如果你（妳）知道自己不具備道德感，如果你（妳）不想聽真話……一律不得跨越此門來問事！

當然，直到現在，我並沒有真的貼出這樣的公告。

沒有人生的歷練，沒有挫折的洗禮，相信很多人都不知道在人生的道路上，縱然想讓生存條件具足，也得先顧慮所謂的「是非黑白標準、道德與善良的底線」。然而多數人如果未曾因為違反道德、是非對錯而承受負面結果所帶來的傷害，短時間內應該不太容易清醒……面對這類問事者，我真的要對你們說：「如此幸運，心存僥倖，躲過這回，但能逃得了一世嗎？」

＊＊＊

在我的命理師工作生涯中，經常遇見前來問事之人，如果得到的解答與自己心中所預期的一樣，多半會因為心裡已有預設的主觀想法而欣然接受結果，也能夠與我應對自如，甚至相談甚歡。然而，如果未能先做好最壞的打算，即便我給予的解答對他們有實質上的幫助，也會因為是他們心中所憂心而無法接受。無法坦然面對的當下，風雲變色般的情緒與壓力瞬間爆發，造成彼此不歡而散，即便自己希望能夠進一步溝通，多給予一些扶持，往往還是很難解開他們的憂慮與心結！

那個當下，我的心也揪成一團！只能更換各種可能的溝通方式，想盡辦法解決他們心中的恐懼與不安，盡其所能的提供協助。

我真的很希望所有前來問事的朋友，對於可能的問事結果，事前都能夠有或好或壞的心

**理建設與準備！**然而，如果每個人都能達到如此境界，或許也就沒有找我問事的必要性?!因此這是一個矛盾的問題，同時也是每一位命理老師必備的條件基礎：理解、體恤、包容、溝通……等能力的證明啊！

當然，這其中還有一項重要的因素，那就是**緣分**——溝通與接受的的緣分。或許他／她（問事者）與我的緣分，不足以能夠化解、改變他們錯誤的思想、不道德行為，但我心中仍然期待他們能夠再次遇到其他的有緣人，來協助並開導他們走出光明的人生路。

Chapter 3

# 無法預知的恐懼

面臨生命的重大抉擇，如果能夠稍微從命理的角度出發，觀察事物的緣由，就有機會扭轉乾坤、化解危機，可少走一些冤枉路。在萬事具足的條件下，這絕對是個好辦法，但如果不是，那麼算命或許能提供一個能沉著冷靜應對、再一次好好整理思緒的機會，再配合命格及先後天條件，全盤瞭解所面臨的情況和所能夠掌握的優勢，做出最圓滿的選擇。

這才算是真正發揮命理及問事占卜最好的作用與影響力，如此才能夠透過對命格的理解，真正幫助自己，從中獲得成長、習得經驗，掌握解決問題的機會。

我們來到這個世界，不斷的努力生存，也不斷的力爭上游，所求的是讓自己與周遭的親人能夠有好生活、好日子可以過，也是在證明自己存在的價值與尊嚴。

然而，若有一天，壞命運靠了過來，抑或死神降臨……這一切的一切還有意義嗎？

「如果命運真的命中註定，那麼我們還需要努力嗎？」

這是一個非常耐人尋味的議題。我認為，**雖然命運可能是命中註定的，但若沒有經過努力，就「宿命論」般的放棄尋找能突破盲點的機會，人的這一生不是更沒有任何意義嗎？**

我誠摯的希望每一位算命的人，一定要有健康樂觀的正向思維與正確的心態，如此才能算真正具備前來問事的資格。

命理師所能做的是協助每個人，可以在錯綜複雜的問題中找出最佳的機緣選項，以及分析出最合適的方法來解決可能發生的問題。**命理師的存在就是為了協助大家在最短的時間內做出最有效率、最正確的選擇與決定，而不是給予前來問事的人更多的擔憂與惶恐。**這一點非常重要，如果命理師給你這樣的壓力和恐懼，一定要保持警戒心，並且重新調整心態，才能有更好、更正確的算命經驗和幫助。

## 藉命理角度扭轉乾坤

一位請教過我關於自己工作及子女的教育方面問題的客戶，在某一天又來問我一個非常棘手的問題：關於她母親的健康。這位客戶的母親檢查出身體長了一顆腫瘤，醫師已經為其做了切除的手術，目前正在等報告。

女客戶提前來問我，就是想知道母親的報告結果是否會是癌症？是否有生命的危險？

我幫她查了一下，告訴她，的確是癌症，而且大約只能夠再活半年。

她非常震驚，十分難過的向我表示，自己會提前來問我，就是因為母親還不知道自己的腫瘤已是惡性的結果。她與兄弟姊妹討論決定，如果報告結果不是癌末或可化療治癒，便不打算告訴母親，醫師曾經告知有可能是癌症或癌末，但他們不想讓母親害怕、擔心。

她接著又說：「醫師表示，如果確定是癌症，就必須立刻做化療。」

我當下一驚，馬上告訴她，母親的免疫系統目前狀況非常不好，絕對不可以立即接受化療，需要至少一個月左右的時間，讓免疫力恢復正常，才能夠做化療。

不過，我也坦白告訴她，從卦象看來，不管是否做化療，母親最多還是只能活半年，進而建議，「既然做化療也只能活半年，為什麼不讓母親最後這半年過得舒服一些，考慮化療之外的選項？」

她無比苦惱的回道：「可是醫師也說，如果報告結果是癌症，不做化療，最多只能活半年，做了化療可以活得更久……」

我當下非常憤怒，「為什麼不相信我所說的？如果母親立即做化療，由於身體的耗弱和體力的衰退，病情會隨即加劇，可能會在第一次化療後的五至七天內就死亡！」

這時她才嚇得一臉蒼白，極其無助的表明，自己是瞞著所有家人，偷偷來找我問事的，她認為家人應該不會相信我算出的結果和給予的建議！事實上，在來找我之前，她與兄弟姊妹已達成協議，只要報告是癌症，就接受醫師的建議——立即做化療。

至此，我也無法再說什麼，只能見她懷著忐忑不安的心離開，但我始終把這件事情擱在心裡，時時擔憂。命理師並無法替客戶做決定，這也是沒有辦法的事。

三個月後的某一天，這位客戶再次前來找我問事，這次是關於孩子升學填志願的事。在我為她解答後，終於還是忍不住問起她母親的近況。她向我表示，就在那次問事之後，母親在確認腫瘤報告結果後的一週就離世了。

「所以，你們還是讓母親做了化療？」我感傷地追問。

她回答我說：「是的……」

當下，我們彼此都沉默了。

我想，母親離世的那個片刻，她心裡一定很不好受！畢竟，她是所有親人中唯一事先知道，母親如果立即接受化療，就會有生命危險的人……

如果她能夠鼓起勇氣告訴家人，或者可以換不同醫院再做一次詳細檢查，甚至冷靜思考是否讓母親選擇其他治療養生方式……或許與母親相處的時間會再多一些。只是，這樣的想法我不會在她母親已經離世的情況下對她說，這太過殘忍了。遇到這樣的事情，我相信，他們都已經盡力了……

面臨生命的重大抉擇，如果能夠稍微從命理的角度出發，稍微給自己機會觀察事物的緣由，除了可以找出原因，或許還有機會扭轉乾坤、化解危機，有助於當事者少走一些冤枉路。在萬事具足的條件下，這絕對是個好辦法，但如果不是——就像這次的案例，已確定母親的狀況，那麼算命或許能提供一個可以沉著冷靜應對、再次好好整理思緒的機會，再配合**命格及先後天條件，全盤瞭解所面臨的情況和所能掌握的優勢，做出對最圓滿的選擇。**

這才算是真正發揮命理及問事占卜最好的作用與影響力，如此才能夠透過對命格的理解，真正幫助自己，從中獲得成長、習得經驗，掌握解決問題的機會。

## 第六感運用得宜助力增

有一位問事者經常感覺自己的孩子將會發生意外，因此總是戰戰兢兢的提醒孩子，出門在外一定要小心。沒想到卻被丈夫視為歇斯底里、愛鑽牛角尖，導致夫妻之間常發生衝突。

為解決這樣的困境，她來找我問事。透過孩子的先天八字命格與後天占卜的方式，我得知一些事情後告訴她，她的孩子本性良善，別太擔憂，一切都會大事化為小事。

經過約莫一年的時間，她依然十分注意、關心孩子的情況，只是，沒有人相信她的第六感，每每要她停止這樣歇斯底里的煩惱、擔憂，丈夫對她的行為態度反應也愈來愈激烈，認定難以溝通，經常滿懷憤怒的斥責她……

緊繃的神經再加上家人不諒解，她崩潰了，只能放棄，順著家人讓一切順其自然。

沒想到的是，孩子真的出了意外，發生重大車禍，所幸救回一命。她與丈夫花了近兩年的時間，陪伴著孩子走出陰霾，回歸正常的家庭生活……

還有一回，一名客戶告訴我說，他的家人應該會在半年後出事。他的第六感向來超級神準，所以想問我該怎麼辦？我查看這位家人的命格，怎麼看都不覺得會發生什麼事，但他還是不放棄的追問，最後我只好告訴他：「你應該要多注意自己……」沒想到，就在半年後他慘遭意外事故，幸好逃過一劫，人平安獲救。

類似這種宣稱自己有第六感，經常感覺事不單純、有狀況，而要我給一些提點建議的客戶還真不少！所謂的第六感（超感官知覺）亦稱「心覺」，有些人的確天生具有這樣的能力。如果能運用得宜，可以讓自己避開許多事，也能幫助自己處理解決；然而，如果沒有適當的面對這樣的直覺，往往會變得疑神疑鬼、陷入怪力亂神的處境，適得其反，不但無法解決問題，反而為自己與周遭的親友製造更多的壓力。

不能夠控制自己的感應力，反而造成幻聽、幻覺，使自己深陷不能夠面對現實生活的窘境，只是讓自己受苦而已！有些時候，第六感若能結合玄學的角度，勘查相關事件的來龍去脈，不失為對自己或解決問題十分受益的辦法。

## 命理諮商亦需親友扶持

這一天，在工作中聽聞一位曾經來找過我的女客戶，已經離開人世近一年的消息！

這位天使的家人告訴我，她在五年前預產期的前一個月左右，突然因為身體不適昏倒在路邊，被路人緊急救護送醫，沒多久，人就陷入昏迷，一直沒有再清醒。當時到了醫院，醫師深怕胎兒有生命危險，立即為她安排開刀剖腹生產，接生肚中的寶寶，並且為她動了腦部手術，在這之後，也動過數次手術與急救，但仍然成為植物人持續昏迷四年，最終還是沒能夠清醒，就這樣離開了人世……

在她昏迷的這些年當中，家人依然不放棄，為她照顧孩子。

雖然知道她的離世時，已屆一年，但當下我的心裡還是很難過，久久不能平復心情。

她的家人告訴我，前幾年，家人整理她的私人物品時，無意中發現我幫她占卜的「感情卦」，卦中寫了「桃花劫！非傷即亡」等文字，占卜日期剛好就是她被人發現昏迷而送醫的前幾個月！

其實，這樣的算命結果，無論對當事人或其親人朋友，因為無法預知事情何時會真正發生，心理所承受的恐懼與害怕，有時真會把人逼到歇斯底里的地步。此時，身邊若沒有可以適時給予支持和協助的人，僅透過命理諮詢，後果將不堪設想，無論何時，親人或朋友的支持與陪伴仍是最根本的需求，否則事情還沒發生，人就先倒下，教人情何以堪啊！

＊＊＊

有人說：「命不可違，但是運可以改。」

許多事情雖然可能是命運的安排，不過，我們口中常說的「命」與「運」，到底意指的是什麼？又包括哪些內容？

就我而言，自己會將「命」解讀為「代表一個人的格局先天條件」，而可以決定每個人性格價值觀中的一切來源也是因為「命」。至於「運」的部分，我會釋義為生辰八字組合而成的個人「運氣」；「運氣」也就是我們在現實生活中所謂的「好運氣」、「壞運氣」。我會將「好運氣」解釋為「好機會」，「壞運氣」解釋為「壞機會」！

這樣說明，你們就會明白。如果前面的路非常險峻，若你事先已經被告知，那麼在做好萬全準備之前，你會願意繼續冒險前進嗎？相對的，即使你知道前面有非常好的機會等著你，但能力條件不足還是無法擁有。換言之，即便眼前有黃金萬兩，但你身上沒有任何可以盛裝的器具，即便萬兩黃金再奪目耀眼，也是徒然。

所以，我會用「有備而來」和「有備無患」來形容面對命運所帶來的機會與挑戰，「命不可違，運可以改」就是這個邏輯與道理。

Chapter 4

# 我救了人

二〇〇一年的七月，一位準備到紐約就讀語言學校短期課程的客戶，希望瞭解是否有哪些注意事項。我告訴她，絕對不能去，會出意外！

當時，她沒提到要去哪一洲或哪一座城市，只表示機票、課程都已經敲定，不太可能取消。我只好提醒她，最慢九月八日前一定要離開，否則可能很難再回來了！她儘管百般不願意，還是半信半疑改變行程，在九月九日回到台灣。

兩天後，也就是九月十一日，就發生了美國紐約世界貿易中心雙子星大樓恐怖攻擊事件——在美期間，她就住在雙子星大樓左側飯店；她所讀的短期語言學校，就在雙子星大樓右側！

## 直言不諱，只願有所助

我有一位心地非常善良的客戶，經常介紹在工作、情感或婚姻碰到難解問題的朋友前來找我問事。

有一回，她介紹的人來問事後，我有些擔憂，隨即跟她聯繫，希望她能多關心問事的朋友，因為自己在對方問事的當下，多叨唸了幾句。

沒想到，她立刻告訴我，朋友回家後跟她說，我算得很準，讓她心服口服。又說，這位女性友人本性十分獨立也很強勢，不必太擔心。根據她從旁觀察，友人確實應該被唸，因為就在問事的前一天，她跟丈夫大吵一架，還在外人面前打了丈夫一巴掌……

聽完，我才終於鬆了一口氣。其實，她這位朋友雖然問事時態度很好，人看起來也非常明事理，唯獨在婚姻裡絕對是位「女霸君」！她的八字命格顯示是一位態度非常強勢的女人，對婚姻的主觀意識非常強烈，對待婚姻與家庭也總是以自我為中心。

昔日仰靠媒妁之言、相親的時代，這樣的八字命格很容易被退婚，無論是面對丈夫、公婆，或是與大伯小叔姑嫂妯娌之間的互動，都很容易造成相當負面的影響。

因此，我才會這麼擔心她，希望自己對她在婚姻中應有的態度所作的分析解說，能夠幫上一點忙！

當時看著她八字命格中個性所顯現的強勢態度，內心也多少做足她應該無法聽入、也難以改變自己個性與價值觀的心理準備，然而我還是不死心，依舊是花了些心思與她溝通。自始至終，她的態度都非常和善，內心真的非常希望她真的能把我所說的話好好聽入心，好好的思辨參考，哪怕只是能幫上一點小忙，自己都會甚感寬慰。

雖然現在幾乎沒有人會願意透過相親認識另一半，不是自由戀愛就是網路交友，當然還有不少離婚又再婚的人。然而，無論是哪一種情況，許多前來詢問有關婚姻問題的人夫或人妻，其共同點都是對另一半的行為或態度感到無奈又無力改變現狀，因此感到非常痛苦。

這麼多關於婚姻生活及兩性相處無法和諧的狀態下，是否還有那麼一點可能，是可以先透過雙方八字命格加速瞭解彼此，以減少不必要的猜測與懷疑！當然，這一切的前提是「緣分」兩個字！

若是有緣，透過對雙方命格的瞭解、知悉如何相處、溝通，進而改善婚姻關係，這不是相當不錯，也非常值得深思與參考。

## 熱心引介，是對還是錯

我有一位很熱心的客戶，二十多年來介紹不少親友來找我問事，這是因為她很希望能夠透過我的專業協助親友做出正確的選擇與決定，盡快走出陰霾。不過，有一回她卻告訴我，不知道自己帶親友來是對還是錯。

我瞭解情況後得知，原來她介紹的親友中，有些人會懷疑她是否因為介紹，從中獲得好處或抽成，她還提到會說這些話、有這樣質疑的親友，大部分都有一個共同點：全都曾被我糾正過一些觀念的人。

「那麼，我所糾正的人、所談內容都與事實相符嗎？」我婉言問道。

畢竟這些親友都是她十分熟悉也非常瞭解的人，應該更能清楚他們目前的狀況。她想了一想，「老師，我懂了……因為您點出他們內心深處最不想面對的問題！」

是的，這就是最重要的關鍵因素！

我點出他們最不想面對的自己，也點出問題的癥結點全都來自於他們自己。

有些客戶帶朋友或家人來問事，他們多數抱持且走且看的心態，甚至有些還會責怪客戶多此一舉！使得善心引介的客戶反而忍不住質疑自己是不是做錯了。

這些感受，我自己也曾經歷。有時也會自我懷疑，對於問事者可能不能接受的答案，是不是應該坦誠相告？儘管猶豫，最終還是找出各種對方可能可以接受的方式解說、加以溝通。方法並不特別，只是抱持真誠助人的良心！是的，就是「良心」。這也是我對我每一位學生的要求。

良心真的很重要，此外還需用心。從事命理工作身負重任，面對每位因為生命的困惑前來尋求解答的問事者，給予真實精準的預測並加以解讀說明，是命理師應有的責任與道德。

當問事者因為無法接受所預測的結果，情緒因而起伏變化，命理師往往也面臨「被否定」甚至「被攻擊」……等反應。這些其實是常態，然而儘管心理已有所準備，有時也情難自禁，開始懷疑自己，暗忖是否有必要「好心被雷親」？

命理師自己都會出現無力感，更何況是引介親友的好心客戶，真是辛苦他們了。不過身為命理師，我還是會選擇盡可能說實話，盡量與客戶溝通，畢竟算命不能只求安心或「心理感覺良好」，最重要的是要對客戶有所幫助。

## 不信任，貴人擦身而過

有一回，有位希望能在工作獲得升遷加薪，希望被長官肯定的客戶前來問事，我排看他的命盤後說道：「升遷、加薪的關鍵因素，在於貴人相助。」

他一臉無奈的提及，公司到處都是小人，每個人都希望他在公司無法生存，巴不得他趕快離職，眼不見為淨，怎可能會有貴人相助？

我問他為什麼會這麼想？他提到自己非常相信同事、主管，只是每當工作上需要協助時，從沒有一個人願意出面相援，甚至還會偷扯後腿、頻找麻煩、造謠、搬弄是非、惡言毀謗等等。

怎麼會這麼嚴重？我再次循序漸進查看他的八字命格所顯示為人處事與個性上的弱點，再逐步分析其在公司中的表現、觀察一些問題的癥結，慢慢的，他才明白一切問題的癥結就在自己工作上與同事相處的方式以及表達態度出了差錯。他是個責任感很重的人，再加上工作壓力大，因此與同事互動的方式，儘管用心但較為嚴肅，雖然已經小心翼翼使用較為體貼的言語，也經常讚美他人，對主管也畢恭畢敬，然而始終有件事情自己沒能做得很好，那就是「信任」。

對，問題就在於「信任」與「依附關係」，這部分的適當給予，可以讓大部分的人知道，我們自身和他人之間的「零距離」與「安全感」，這樣建立起的關係，當中的猜忌與傷害就會降低許多，他人對我方的協助自然會因而增加。

前來找我尋求解惑的問事者當中，有一些問事者的「命運」相當「幸運」也相當「幸福」。不過，他們所回饋的當下命運狀況，卻往往相反；當中有一部分人的八字命格相當有福報，畢生所能遇上的貴人也非常多，然而卻無感也一無所知。

其實，這樣的人大多數有一個共通點，就是**對人不夠信任**。正因為對人不夠信任，所以不會給自己機會靠近他人、依賴他人。所以，當我表示他們身邊其實常常出現貴人相助的好運氣時，多半都會聽到，「沒有啊！我怎麼都沒有感覺？」當貴人出現卻因為自己的不信任而無感時，當然會覺得何來貴人之有。

更有一些被親友介紹前來問事的客戶，一旦聽到自己無法接受的解答，還會直接責怪介紹人，為什麼要介紹他們來這裡?!此時此刻，我深刻感受到介紹人的無奈心情。

答案是你們想聽到的，介紹人就是貴人、就是天使！答案是你們不能接受的，介紹人就成了罪人……如此兩極化的批判，還真的讓人有些不堪負荷。

## 一語成讖，躲九一一恐攻

需要問事的人，既然有不能接受命理師給予結果或建議者，或能夠按照我的建議而改變原有困境或做了對的選擇的人，當然也會有一些因為事情發生得太過突然，而無法事前注意而化解的狀況，就如在二〇〇一年九月十一日在美國所發生了一系列自殺式恐怖襲擊事件，其中包括十九名蓋達組織恐怖分子劫持四架民航客機。劫持者使其中兩架飛機分別衝撞紐約世界貿易中心雙塔，造成飛機上所有人員和在建築物中的許多人死亡；世貿中心雙塔在兩個小時內倒塌，並導致臨近的其他建築被摧毀或損壞……

二〇〇一年的七月，我一位老客戶帶一位女性友人前來找我問事。她準備到紐約就讀語言學校短期課程，希望來我這裡瞭解一些該注意的事項。他們沒想到，我竟然告訴她：「妳絕對不能去，會出意外。」

當時，她並未告知我要去哪一洲或哪一座城市，只提到自己機票已經買好，課程也全部排定，不太可能取消。我只好提醒她：「最慢九月八日之前一定要離開所到之處，否則，就可能很難再回來了！」

她百般不願意，甚至責怪朋友為何介紹她來找我！

最終，她還是半信半疑的依照我所說，改變了行程。九月十六日，介紹她來找我的朋友又帶其他親友來時告訴我，那位女性朋友在九月九日回到台灣，但行李箱被耽擱，直在九月十日才運回台灣，沒想到她回來台灣的兩天後，也就是九月十一日，就發生美國紐約世界貿易中心雙子星大樓恐怖攻擊事件！

那位女性朋友在美國期間，剛好住在雙子星大樓左側飯店，所就讀的短期語言學校，就在雙子星大樓右側。

介紹她來找我的老客戶驚恐的敘述事情的來龍去脈，說時還心有餘悸的顫抖著。

＊＊＊

命理師這個職業，我一做就二十餘年，剛開始客戶多來自機緣，自行尋找前來，後來多數透過原客戶口耳相傳引介。大部分透過親友介紹而來的人，都不約而同跟對方提到，算得很準、老師很厲害，也分享所算事情的前後狀況以及自己的想法，而這些老客戶又會如數家珍的再告訴我。

儘管如此，還是經常面臨被引介的客戶，無法面對真相的情況。

他們大多沒有心理準備，可能所想與所算結果不同，因此如果我所說與他們預期相反，多數非但無法接受還會轉而責怪介紹人。

我前面已經提過，答案與將來可能發生的結果，未必是好的，自然有許多人無法接受與面對。即便我規勸他們，只要能盡力調整好心情，藉由對先天命格的瞭解、後天占卜的處事分析，抓清楚方向，面對未發生或處理已發生的一些棘手問題，並不會太困難。

只是聽到負面結果，心情能不受影響者，仍是少數。面對這樣的狀況，因為擔心親友遇到困難而引介的人，難免為此被責怪，內心怎可能不難過。

相反的，若被引介的問事者得到心中理想的好結果，多數會向介紹人表達萬分感謝，介紹人心情肯定也愉快。

因此我常常鼓勵願意幫助親友，引介他們前來找我問事的老客戶，他們真的很棒！「贈人鮮花，手留餘香」的道理即是如此，如同我也時常在想，面對前來問事的人，能夠盡自己的一點棉薄之力提供協助，即便不一定能夠幫上大忙，但也能從對問事者的角度觀點，看見自己的相似之處！同時在與對方的溝通過程裡，自己也找到解答。就又如同從旁觀者的角度看到處理事務的一體多面，更讓自己有了更深一層的認知與成長。

Chapter 5

# 不幫迷信的人算命

任何可能存在的法術，絕對不可以也不應該隨個人心意、思想而恣意妄為。在「今天我要一個人生，他就不可死；我要一個人死，他就不能活」的歹念下使用法術是絕對不可以的。任何想法、心念能否隨心所欲，首先都應該建立在善念與道德的前提條件下。

不管是像西方電影、小說《哈利波特》那樣的魔法，或是東方的各種道士收妖、作法等儀式，每一種自古留傳至今的法術或祭解（又稱祭改）等等，真的都有效或能產生作用嗎？當然不一定！

近三十年前，我在龍山寺附近幫一些香客、路人、附近搭換交通工具的上班族……等算命占卜，經常遇到一種到處算命的人。初期我並沒多注意，但隨著日子一天一天過去後，發現這類人通常分成兩種：一種是不斷換命理師，另外一種就天天來算命。

我常說，不幫迷信的人算命！不過每次說就會被人笑：「妳不幫迷信的人算命，就沒人會來找妳算命了！」

嗯……真的嗎？我很質疑。

我很希望至少在我這邊，算命可以不是一種迷信的行為！算命，可以是預測、是規劃，更可是一個重新認識自己，瞭解時間、空間以及周遭人、事、時、地、物等錯綜複雜的交錯組合關連性的機會，然後再透過命理的角度抽絲剝繭的分析，處理化解克服瓶頸與問題。

## 心誠則靈，信心重於現實

一天，我很認真、用心的幫一位客人占卜並詳盡解說，希望能夠竭盡所能協助對方，沒想到卻換來這樣一個問題：「老師，您有在幫人斬桃花與做合和術嗎？」

我一愣，問她為什麼希望做這樣的事。

她表示希望自己的對象能夠與原配分開，改選擇她，聽到這樣的回答，一種夾雜憤怒與難過的情緒頓時生起，甚至想要破口罵人，理智線差點就斷掉了。

任何可能存在的法術，絕對不可以也不應該隨個人的心意、思想而恣意妄為。在「今天我要一個人生，他就不可死；我要一個人死，他就不能活」的歹念之下使用法術，是絕對不可以的。

任何想法、心念能否隨心所欲，首先都應該建立在善念與道德的前提條件下。

無論西方或是東方的神祕學（包括命理在內），各種破解命運的方法、傳說不勝枚舉。不管是像西方電影、小說《哈利波特》那樣的魔法，或是東方的各種道士收妖、作法等等儀式，每一種自古留傳至今的法術或祭解（又稱祭改）……等，真的都有效或能產生作用？

當然不一定！

坊間流傳一種說法——祭解改運時，愈是相信就會愈靈驗；如果不願相信，就不一定會有效果。事實真是如此？正所謂「心誠則靈」，信心比現實的問題更重要；有心，就沒有什麼事可以輕易難倒我們；**針對命運的改善、破解各種不同的考驗，有心比什麼都更實際。**

**善良的心，是用來將所遇的事件一個一個處理、化解，即便是一點點的希望，也是大事化小、小事化無的機會。**專業的命理師、地理風水師只要能夠擁有正確及良好的道德觀念與修養，再加上針對事、物、人，妥善的運用與處理化解，以良善的心思輔以助人救人的動力，大部分都能無往不利。

相反的，一旦無良的違背天理，為了一己私利，攻擊傷害他人，無論是命理師、法師、風水大師或一般民眾同樣都會遭受懲罰，非但無法達成自身心中目的，更會造成莫大損人又傷己的因果關係，真是得不償失啊！

## 到處算命，只為找安全感

常有客戶問我：「可以為同一件事到處算嗎？」

我總回道：「同一件事到處算背後的心理，就如同去大廟擲筊問問題。如果問到的答案不是自己所能接受，就沒筊擲到有筊。」然而，這樣擲筊擲出的結果，就幾乎只是隨性的機率，所得的結果也會有極大的爭議，準確度也相對失真。

這天，我比平常更早到工作室，突然看見一位常來找我問事的事主，坐在另外一位命理老師的工作室，一臉認真的問事。剛開始，我以為自己認錯人，沒想到沒隔幾天，又看到同一個人跑到其他命理老師的工作室，又過沒多久，又回來找我問事……

當他坐到我面前，當下內心真的很希望他不要再來找我問事。我很希望他能**選擇一位信任的老師，讓對方可以好好替他解惑，這樣才能真正得到幫助**。畢竟，我非常不願意看到，因為自己所提供的解答和說明與其他老師不同，而使得問事的客戶無所適從。

在我的工作中，當然也會遇到對算命的答案言聽計從且深信不疑的客戶，但是這個深信不疑建立在同時相信許多位命理老師。然而一旦發生不同命理老師對同一件事情給出不同論調，結果會如何？你可能已經猜到，多數人只聽自己想聽的話。

這樣的人其實還真不少！在來找我問事的人當中，就常聽見有人說自己哪個地方找過哪位老師，告訴他這個那個，或是要幫他施法祭解，要客戶別再到處問、到處拜了，過一陣子就會見到效果……等。若真有改善，也可能只是巧合，其實他的八字命格早已呈現，下個月運途就會變順。至此，還需要施法祭解？當然，這時江湖術士、打蛇隨棍上的命理師也紛紛出籠了……

這樣的說法，我好像擋了這類型命理師的財路！

公說公有理、婆說婆有理，到底誰對誰錯，大家可以看得出來、判斷得清楚？

有些命理師著重「祭解」，如果遇上「算命只是挑自己想聽的」之客戶，「祭解」應該就是萬靈丹，因為只要客戶願意花錢祭解，命理師什麼都可以變給你！這類打蛇隨棍上的算命先生，就是盲目算命者的「最佳代言人」。

而我並不想成為盲目算命者（迷信無知之人）的最佳代言人啊！

## 問事卻坐以待斃，有何益

有一回，多年未見的熟客戶傳給我一封簡訊，希望能夠請我到他的住家看住宅風水，想透過住宅風水瞭解與妻子經常爭吵的原因，並加以改善。除了看風水，我也為夫妻倆重新查看命格流年行運中應該注意的地方，發現他近日工作將遭遇嚴重的官司纏身事件，我特別提醒他多少要提防注意。

他其實不太相信，提及自己進入公司短短三年，就進入核心單位，並且升官加薪，非常受重用與肯定，怎可能官司纏身？

我很能理解這樣的心態，但為了他好，只能一再苦口婆心要他多加留意。

大約相隔一個月左右，他再度與我聯絡，表示自己被公司提告，想尋求協助。

憾事真的發生了！讓我對他的狀況有些擔憂，因為在這次事件中，他一定會遭受一定程度的打擊、陷入低潮。

從這類個案可以發現，大部分問事者只會為已經發生或一些已知的問題做好心理準備，或是會多留點心思，主動為已知之事做些相應的改變、處理。至於未知或未發生的部分，如果我在回答所問之事時告知，多半會被問事者忽略。這樣的心態，往往讓問事者錯失事先做好準備、加以預防或是獲得危機處理機制的良機，實在非常可惜，也等於沒能好好善用命理助人趨吉避凶的功能。

我常常告訴客戶，無論是什麼原因找我問事，請無論如何要好好的珍惜這樣的機緣！一位良師益友，可以讓你獲益良多！如果只需要花一點時間，多一些心思再加上不同角度的觀察力，是否可做些微調、嘗試我所提出的建議、參考。

我相信任何一位有良心的人，都懂得「謹言慎行」與「落井下石」兩極化的差異與結局報應！只是說得到卻做不到的人，比比皆是！我也相信各行各業的標準都是如此，如何判斷一位命理師是否正派？方法與標準也應是如此。「是非曲直之理，自在人心！」什麼樣的人遇上什麼樣的事情與遭遇，其中的因果關係，你我應該都很清楚。即便是算命，一樣應該要有做人做事的好模範，順應時勢、合乎邏輯。我想，正派命理老師的判斷標準，答案應該呼之欲出了！

無論算命所求之事的解答與結局的好壞標準為何，我們都要遵循「**什麼樣的時間，做什麼樣的事**」，並且運用對自身八字命格先後天的瞭解與分析，點出問題、發現運途運作的方向、方式與良機！如此一來，想要突破人生運途瓶頸、創造八字命理所見良機與好運，一點也不困難。

Chapter 6

# 傷心之餘，我還能做什麼

「要天助，更要自助。」切記，神想要幫助你，也要你願意伸出雙手接受，否則就算有再大的神威也無法相救。

勇敢正視問題本身，積極尋找解決問題的方法，除了好好努力、善用個人專業能力，同時配合個人的先天命格，再針對問題進行後天的占卜、查看陽宅和陰宅的風水布局，就能將問題一一處理完善，如還有更棘手的問題，就再繼續處理，抱持凡事盡力而為、不過度強求的心態，通常就能度過難關。

「傷心之餘，我還能做什麼？真的只能這樣？只能放棄一切，沒有其他選擇嗎？」

每每聽到有人這樣問我，都讓我不免傷感……

## 坐以待斃不如主動出擊

有一對客戶是夫妻，心地十分善良、待人處世真誠又無私。兩人年紀輕輕就為台灣傳統產業開創新契機，成績耀眼，名聲響亮，是我引以為傲的客戶。

後來，偶然得知兩人遇到一些狀況，本想幫助他們度過難關，卻碰到一些困難，因為兩人並未向我求助，我還是主動提供許多可能的做法，然而他們礙於心理層面的顧忌與擔憂，無法真正放下心防，最後還是透過占卜、命理諮詢才終於找到答案。

所謂「一命二運三風水」；陽宅風水包括住家、辦公室店面的地理風水，陰宅則指墓地風水，但都必須一一的察看、處理！

遇到命運無法有效率的改變與化解問題時，參考住家、辦公室的風水或是祖先墳墓或家中供奉神位與祖先牌位位置風水鑑定布局等等，也是化解危機的方法之一。命理的諮詢服務可以從內而外，一體多面，一個項目一個項目抽絲剝繭清楚分析、處理、化解，相信命理諮詢、風水鑑定布局、擇日執行開工動土儀式……等，只要能夠有那麼一點希望與機會，我都會盡其所能為客戶找出問題，再進行各種可能化解（透過占卜、排盤明瞭人事的來龍去脈，再藉由陽、陰宅風水布局，勘察、化解可雙管齊下）、排除的可能性！然而，在確認瞭解這些狀況後，最終的關鍵，還是——**自己的心！**沒錯，最重要的還是當事人的心態與想法。

遇到事情的處理態度、思考模式，會深深影響事情的最後發展。

轉變心情、換個角度思考，或許就能得到意想不到的結果。

與其坐以待斃，不如主動出擊！正向思考並解決問題，是在面對問題或逆境時的重要關鍵。命理，不只是能幫人找出問題的原因或關鍵，有時也能幫人預防問題的發生。

「要天助，更要自助。」切記，**神想要幫助你，也要你願意伸出雙手接受**，否則就算有再大的神威也無法相救。

勇敢正視問題本身，積極尋找解決問題的方法，除了好好努力、善用個人專業能力，同時配合個人的先天命格，再針對問題進行後天的占卜、查看陽宅和陰宅的風水布局，就能將問題一一處理完善，如還有更棘手的問題，就再繼續處理，抱持凡事盡力而為、不過度強求的心態，通常就能度過難關。以健康、樂觀且隨緣的心態面對所遇到的問題，才是解決問題的根本之道。

## 事情不能如人意，就放棄了嗎

有一回，一位年過七十的阿嬤心急如焚的來找我，提起自己的孫子從二〇一九年十二月出生後，直到來問事的當下（二〇二〇年七月），都還住在加護病房！因為是早產兒，媳婦懷胎六個多月早產，至今已半年多仍無法離開加護病房。

我先問她為什麼拖延至今才來求助？她焦急表示，兒子、媳婦兩人都忙，自己也是直到現在才有機會來見我。

我仔細幫她查看孫子的命格與名字，發現名字出錯使得嬰兒的呼吸道、氣管、食道無法正常運作，於是建議他們稍做調整。然而，我從嬰兒八字得知「父母親會牽制、拖累嬰兒或替他做錯決定與安排」的跡象，因此長輩（即父母親）的思想、行為也是造成早產兒遲遲無法離開加護病房的主因，換言之，孩子父母的觀念和決策，影響如何照護早產兒的動力與方向。我告訴心慌的阿嬤：「您的兒子與媳婦對這件事的處理心態，會決定您孫子的未來。您目前最重要的課題就是學會適當的要求、放手。」

儘管阿嬤的小孫子仍在加護病房治療，我還是希望能夠透過阿嬤主動與兒子、媳婦溝通小孫子健康的相關處理事宜，哪怕只有那麼的一點希望。後來，輾轉得知阿嬤在來找我問事前，已經詢問過不少命理老師、拜訪過大小廟宇，讓兒子、媳婦感到無比困擾！所以，即便我能夠有一點機會，希望阿嬤可以試試，她無論如何都不敢再與兒子、媳婦多說什麼！她其實只是抱持著「希望我能夠直接告訴她，孫子會很快恢復健康的心態」而來！

事情遇到阻礙，無法盡如人意，真的就要放棄、真的只能這樣？當然不是！

我要再次強調，運用不一樣的思維模式處理事情，自會產生不同的方式，得到不一樣的答案、不一樣的結果。

每一個人都擁有不同的經歷、不同的心路歷程，正因為如此，每個人看待事物與面對問題時的情緒、想法，必然有所不同。這些其實有跡可循，舉成長於同一個家庭的兄弟姊妹為例，彼此有著相同的父母、相同的教育方式，卻還是會有各自的想法和情緒反應。也許有人想反駁，「父母親對不同子女的教育方式與態度、甚至是包容力，本來就可能不一樣，當然就有可能造就不同孩子遇到相同的問題產生不同的情緒與想法。」

不過，從命理的角度而言，我還要特別提出一個重點——

**不同的命格，決定不同的性格與情緒反應。**

是的，「不同的命格，決定不同的性格與情緒反應」非常重要，如果能透過八字命格瞭解人受命格影響，處理事務、化解問題的優勢與弱點，在面對問題處理時就能針對此處下功夫，進而能夠更放心、更有勝算。透過新生兒八字命格的檢視瞭解，進而從命格先天條件的不足，針對可能發生的問題，經由後天加強注意改善，就能仔細化解缺失……

（當然，這部分我也很清楚，上文提到的阿嬤為孫子健康狀況奔走的問題癥結，即這位新生兒八字所顯示，父母親不是命中的貴人，反而可能在錯誤的決策判斷中變成加害人。）

這是個很殘忍的形容，然而在這世界擁有類似命格的人還真不少！不過只要我繼續這份工作就不會放棄一絲希望，提醒有這樣八字命格的人，只要有機會，千萬不要放棄透過後天的努力，改善、創造任何能讓命運經由後天努力付出而得到可能改變的機會。

## 憤世嫉俗只為爭一口氣

我有些婚姻出問題、工作不如意的客戶，他們有一個共同點：無法面對自己的心。

什麼是「無法面對自己的心」？

這些人多半善良又好強，一方面不希望為了一己私利、欲望傷害他人，但又不願意認輸。他們多數喜歡孤獨，換言之，就是個性較為獨立。

這樣的人格特質，在八字命格也是有跡可循的。

有一位女個案，經由朋友介紹而來。初見我便提醒她，要稍微將生活重心放在家庭，多陪陪老公與孩子。當下她不假思索的辯說，老公有小孩陪，而且他工作不穩定，也沒什麼收入，自己怎能不工作多賺點錢維持家計？

這也是我之所以建議她要多陪伴家人的原因；太過強勢的性格將導致她在婚姻方面受挫。後來，大約隔了一、二年，她又來找我卜卦婚姻，因為她的老公外遇了！她還非常生氣的表示，老公沒什麼錢，有什麼條件可以外遇！她對此感到無法理解。

後來，她數次回來找我，就是想要扳回在婚姻中的尊嚴與財物損失。直到今日，依然故我，始終與現實較勁，整個人憤世嫉俗，真的讓人無比心疼。

她的八字命格，除了較沒有耐性、脾氣較暴躁之外，並沒有如此強勢與獨立的跡象！在她堅強的外表下，其實需要更多貴人的扶助；面對婚姻，也需要丈夫的支持與愛護！如今她對人性失望、對生活失望、對未來失望、對一切的一切失去期待……生命的意義何在?!始終憤世嫉俗、仇恨、埋怨、消極、鑽牛角尖、自欺欺人，最還能夠剩下什麼?!自我毀滅、攻擊他人、活在自己的世界而無法與人溝通，一切都只為爭那一口氣嗎?!

有的人的八字命格適合獨立，可自行判斷決策，但生活中卻不喜歡孤獨；有些人八字命格需要貴人相助，但八字命格卻有著孤僻好靜的性格，因而造成個性獨立、不喜歡與人互動的矛盾現象。凡事只想靠自己，反而錯失遇上貴人的良機——來找我問事、排八字命格，卻對個人命格所產生助力的「需要」不喜歡、不認同；不適合的，反而又更強求！八字命格中這樣的矛盾與反差，真的讓人難以捉摸！其實，原因只有一個，命格裡所擁有的，當然也會決定了自己的個性，成為了所謂的「在意」、「害怕失去」！命格中缺乏的，相對的也會成為「不在乎」、「可有可無」的心態，這正是八字決定一切的道理所在。

那麼，如何瞭解與運用「八字命格」呢？我們可以**配合個人八字命格中的「需要」與**

「捨去」來調整、改進：如果是需要貴人相助的八字命格，就好好經營人際關係，創造貴人靠近自己的機會；適合獨立、靠自己判斷決策的八字命格，就好好訓練自己的能力與勇氣，改善不受人牽制幫倒忙的不良影響。透過算命瞭解自己八字需求與注意事項、方法，借力使力，讓所有的努力與付出得到事半功倍的效果，何樂而不為？生活、工作、家庭、婚姻、人際關係中的議題，不也都是圍繞著這樣的標準看待嗎？

## 不突破窘境就放棄，是逃避

透過一位女士的住宅風水布局案子，我認識了一位室內設計師。因為查到一些事，我反覆提醒他：「工作上必須注意自己所配合的工班人員與接洽的案子，一定要小心的過濾、選擇。同時，近期要多注意婚姻，避免婚外情的糾紛。」

然而，即便如此小心的交待又提醒，我擔心的事情還是發生了。這位室內設計師因為急於接單，又苦無人手，再加上家庭、婚姻、感情、事業財務問題齊聚……沒錯！婚外情也發生了！最後，他因為一堆官司纏身再加上家庭糾紛，而走上了絕路，引汽車的廢氣自殺，所幸即時得救。好不容易撿回一條命，也讓他開始好好自省，調整人生的方向，重新開始了新生活。

此外，我還有一些客戶，時常詢問有關換工作的事，從他們的口中，我一再聽到：工作挫折頻傳，不是犯小人就是覺得待錯公司、跟錯老闆……然而，事實真的是這樣嗎？當然並非全然如此。有些人總覺得錯的一定是他人，藉此保護自己，不做任何努力就決定換工作，即便問事的當下，我清楚告訴他們事情的真貌，他們仍然會覺得是我不夠理解他們的難處與付出。每一回，我總要花費一番唇舌，不斷的溝通、舉例、解說，他們才能真正看清自身的問題。

還沒試著努力嘗試突破窘境，就先選擇消極、放棄、埋怨，這樣對得起自己過去的努力和付出嗎？況且會造成這樣的事情發生，有一部分的原因其實在己，此時不去自省、做出改變，就決然放棄，這真的只是逃避。

## 理解人終生受八字影響

一天，一位氣質高雅卻略顯憂鬱的小姐來找我問事。她一坐下便開口問道，「老師，您看得到過去嗎？」

我沒有正面回答，只反問她希望知道什麼事。

原來前陣子她到國外出差，不到一週，公司就打電話要她立即回國，「您知道公司為什麼突然要我回國？因為我老公跳樓自殺，沒有留下遺書，事前也沒有任何跡象。」

她還告訴我，剛生了孩子，卻因為工作的關係，沒有機會休息太久，所以一坐完月子就回到工作崗位，孩子也交由保姆二十四小時照顧。她怎麼也想不透，先生不需擔心家中任何大小事，也沒有任何負擔，更談不上有特別大的壓力；而她自己，不但才剛生完孩子，沒有足夠的時間休息就得出門工作，甚至連「產後憂鬱症」的時間都沒有，為什麼自殺的竟然是她的先生？

她來找我就是想知道：先生為什麼會自殺？自殺前想的又是什麼？

我查看夫妻倆的八字命格，「你們夫妻因為工作繁忙，壓力一直很大。之前妳懷孕、生產、很快又回到工作崗位，又累又忙，休息的時間很少……」只見她點頭如搗蒜。

接著，我問她：「妳知道妳先生已經失業一段時間了嗎？」

她一愣，回說不知道，但稍微想了想又說，有幾次曾看到先生好像在上網找工作，但是她沒有多問。

「問題就出在這！」我接著告訴她。

她對此非常困惑，因為夫妻倆從相識、相戀到奉子成婚，一路走來都十分順遂，日子也過得很充實，她不明白先生有什麼理由自殺？

「從妳先生的八字命格可以看出，他對自我要求相當高。」我進一步說明，「從小到大，運途雖然有些許不順，但都從不曾讓父母、家人操心。然而，這個命格也看得出他並不是一個樂觀的人，相對於其他兄弟姊妹，他更加獨立，他不想為忙碌工作、辛苦養育孩子的父母增加負擔，因此從小就不太習慣、也不知道如何表達自己的情緒與壓力，習慣把心事放心裡，盡可能努力做到最好，不讓他人擔心。」

聽到這裡，她已淚流滿面，連忙追問道：「老師，您為什麼會知道這些？這些是我先生深藏在心裡的祕密，我們剛認識的時候，他總願意與我分享。」

頓了一頓，她又繼續問道：「那麼，他為什麼要這樣對我？為什麼要選擇用這種方式離開我？他在懲罰我嗎？」

經過一番懇談後，她終於知道答案。

原來，從她開始坐月子，一直到出國工作前，夫妻倆經常爭吵，過程中，她曾不小心說了一些抱怨丈夫的話。

是的，就如同她自己所說，該得「憂鬱症」的人應該是她——又忙又累，還因為忙著趕回公司工作，無法休息太久，所以在爭執過程中，自己並沒有花時間和心力和丈夫好好談一談，即便沒有吵架，也很少聊天談心。

「自殺」或許是她丈夫過於自責所致。向來事事盡責、不願造成他人負擔的人，卻因為失業沒能撐起整個家的經濟而困擾。結婚、買房、有了孩子……失業的他，沒有一件事能幫得上忙，無論是房貸、車貸還是照料孩子、扶育金，身無分文的窘境，讓他自責更深。他可能覺得自己的存在只會拖累妻子，死了反而一了百了，少一個造成家人負擔的累贅。

此時，這位小姐突然插嘴問我，如何知道她先生的想法？原來早在出國前，一次夫妻爭吵中，先生就跟她說過這樣的話，只是當時她覺得那只是兩人鬥嘴時，先生一時的氣話。

我常常告訴客戶，如果能及早理解，一個人一生的思想與未來從一出生就深受八字命格影響，就能即時調整彼此的相處之道，哪怕只是多花一些時間說說話、多用一點心思關注一些細微的反應，**人生的每一個階段都可能會有改變的機會**。

* * *

正是因為理解命格是如何影響一個人，所以只要有緣能夠相見的客戶，我都不願輕易的放棄能協助他們的機會，畢竟命理師是一位能夠透過看到他人命格，並針對相關的特質進一步提出相對應化解問題或是創造新契機特質的人。

在某些特殊情況，學會放手是為了走向另一個更好的未來，但是並非事事都是如此。如果放棄能讓自己擁有更寬闊的視野、更好的安排與重生，顯然是必要的過程，但如果不是呢？有些事情放棄了，就等於失去，想再重來並非簡單的事。命運中的良機與人生的轉捩點，有幾回能夠讓我們如此任意錯失和浪費呢？

Chapter 7

# 靈界的感應力

在現實生活中，某些人的確可能遇過大小多寡不一的奇特靈異事件，有些事回想之際，仍難抵理性思考所質疑，自己所感應的事件，究竟有多少真實性？是不是一時的錯覺、幻覺?!

有些小自個人、家庭，大至家族、人與人之間的互動因果關係，均不無可能會有共同因果連結，因此而發生我們都難以理解的靈異事件。

曾經，有一段時間，不少客戶推薦同事、朋友來找我問事，剛好都是從事禮儀師或大體化妝師的相關工作。這些人因為工作場域比較特殊，所以也讓我對一些較為靈異的問題有所接觸……

## 橫死而生怨氣的磁場

前面我有提過，針對來我這裡問事的個案，基本上我都會希望他們能夠錄音。

在一次問事當中，有兩個人一起來，彼此是同事都是大體化妝師，找我也都是為了詢問工作未來發展的方向。

結束與第一位問事同事的談話後，第二位同事也準備開始錄音的當下，我阻止她使用平板電腦，詢問並要求她最好能夠改用其他錄音工具，要不然也可以用手機。

話才結束，她們便異口同聲：「老師，為什麼您要這麼說呢？」

我告訴她們，第二位同事的平板電腦內有許多位「怨靈」。

是的，我就是指「怨靈」！因為這些「怨靈」，我不希望她將我對於她八字命格、人生規劃等等解說，錄在這個平板電腦當中。

此時，第一位同事的同事詢問我為什麼沒對她提出同樣的要求。

「因為妳的錄音工具並沒有讓我感受到怨靈的氣息。」

她們倆討論半天，還是有點疑惑。

「老師，我的手機與同事（指第二位同事）的平板電腦，因為工作的需要，儲存很多往生者妝前妝後的照片，讓家屬能看得出大體化妝前後的差異。為什麼您只從她的平板電腦感知到怨靈？」

我還沒開口，第二位同事似乎想到什麼，搶先回答：「老師，我知道為什麼！因為我所化妝的大體，幾乎都是橫死的往生者；有些是車禍、有些是自殺（像是跳水、跳樓、上吊的），甚至還有被殺身亡的人。」

此時第一位同事也恍然大悟。

「啊，我負責的都是可愛的阿嬤、阿公，一些因為年事已高而自然死亡的人。怪不得老師您沒有特別提醒我，我的手機有什麼怨氣。」

事實上，她們倆也第一次因為工作服務的對象不同，而被告知世界上真的有因為橫死而產生怨氣的磁場，而且是被不知情的第三者所感受到，所以兩人都嚇了一跳！

在靈學的角度上，命理師的工作其實時常在服務客戶的過程發生大小不同的靈異事件。

## 被靈體干擾而精神錯亂

這事發生在我剛入行那段期間。那一天，問事的是一位約莫四十歲的男性。

當我正準備仔細聆聽他詢問的問題時，突然，我「聽到」一隻鳥飛進我的工作室，不斷的在室內屋頂和窗戶之間來回盤旋，有如驚弓之鳥，反覆撞擊室內的窗戶，令我感受到生命的異象。

為什麼是生命的異象？因為只是感應到鳥兒而非肉眼親見。雖然當下我一直告訴自己，這一切可能只是錯覺，然而那樣的聲響和感受，始終沒有停止，最後顧不得這位先生正娓娓訴說問事問題之際，我用平時不曾動用過的口氣，大聲的怒吼，想要驅趕「這名不速之客」（指這股不屬於它空間的靈氣）。

正在我前方的問事者，倏忽之間，嚇了一大跳。

過沒多久，附近一家3C用品配件店的老闆突然跑來告訴我，在我發出怒吼聲之前，他看到三個無腳、面孔模糊不清的靈體懸浮在半空中，隱約可見是名女性、小孩和男性老人，他們貼在向我問事的男客戶背後，而他正在問，自己何時能遇見願意跟他做愛的女人？

現在你們應該也都明瞭，此時此刻，在我面的問事者，其實是名被靈體干擾而精神錯亂的受害者。

## 自殺造成氣場風水不佳

除了我自己感應到的靈異現象，有些時候，我遇到的狀況是問事者自己告訴我他看到、聽到或感覺到什麼，但當下我並沒有什麼特別的感覺。

有一回，一位問事者告訴我，她在我座椅後面的正上方看到觀世音菩薩，慈悲地看著她問事。

還有一位女客戶告訴我，她的母親經常看到「無形之人」、會對著空氣喃喃自語，但是她自己卻什麼都看不著。

她有一次帶著母親到大廟拜拜，結果才到廟門口，母親就打死不肯入廟，因為她說：「女兒，媽媽很害怕，廟內的神明會把媽媽抓走啊！」無可奈何，她只好放棄，不強迫母親入廟。

我查過後告訴她，是因為住家不良風水所造成的干擾，讓她們盡快搬家。她們也接納我的建議，搬家後，母親的狀況就愈來愈好了。

為什麼我要這對母女搬家呢？

因為她們原本住的房子，曾有人在屋裡自殺，造成氣場風水不佳。

她們初期並不知道這間房子過去曾發生什麼事，當我告訴她們家裡「住著前房客」時，兩人還脫口道：「沒有！」細想後，才恍然大悟，理解我所指是什麼意思。她們隨即回家後求證鄰居，才震驚發現我說的是真的。

還有一回，一位客戶來占卜自己投資的房屋何時可以順利售出，我回答他：最慢一個半月內，一定要趕快賣掉。他問我原因，我再度強調：只要有人出價，就算價格不如自己預期，也要立刻賣給對方。他又問我原因，我告訴他，如果他不立即賣掉，之後恐怖就再也無法脫手了！

相隔二個月左右，這名客戶再次來找我，告訴我他覺得太可怕了！

原來，他在房屋出售後的一個月左右，前往這間房屋關心一下現在的屋主，順便探視一下房子。

哪知道，他一到樓下，就被鄰居告知：「上週聽說租你房子的新房客，在屋內上吊自殺了，是嗎？」

我這位客戶聽了，立即打電話向購買他這間房屋的新屋主求證，沒想到新屋主的回答是：「是真的！」

原來，他必須立即脫手這間房子的背後原因是——咒靈就已經盯上他的房子了……

## 無形女孩玩電鈴嚇租客

說到這裡，我又想起另一個案例。

某天，一位媽媽陪著女兒前來占卜，希望能買下目前一家人所租的房子，因為房東突然決定要出售，但她們也才剛搬進來而已，於是心生「不然乾脆買下這間房子」的念頭。這次來找我問事，就是想問問這間房子是否適合買。

我告訴她們千萬別買，因為屋內住有一位無形的女孩，也請她們盡快搬家，但她們會考慮買下這間房子，其實就是因為女兒的丈夫不願意搬家。

於是，我們約好某天要前往布局、處理這個問題，怎料到，在約定的日子的前一天半夜，這位無形的女孩就在住家門外按鈴（玩電鈴）嚇他們！

半夜電鈴一直響，但一開門又看不到任何人。

最後，他們去調閱這段時間的門外監視器，結果發現——

鈴聲反覆作響的期間，他們家門外根本空無一人！

母女倆嚇得連忙通知我，白天不用再過去幫忙處理了，他們決定立刻搬家！

＊＊＊

在現實生活當中，某些人的確可能遇過大小多寡不一的奇特靈異事件。

對許多人來說，有些事回想之際，仍難抵理性思考所質疑：自己所感應的事件，究竟有多少真實性？是不是一時的錯覺、幻覺?!

有些小自個人、家庭，大至家族、人與人之間的互動因果關係，均不無可能會有共同因果連結，因此而發生我們都難以理解的靈異事件。

由於我自己也遇過不少（不論是我自己本身遇到，或是見證客戶的分享），所以，我不會鐵齒否認類似的事。

有一些房宅、土地、事件，初步可以透過命理師的「直覺感知」提出問題，有的時候是因為問事者的八字命格因素，造成與靈界的互動感應力強！

大部分的時候，我會利用占卜等工具，初步研判一些大方向的問題，至於更細節的部分，則可以配合其他專業人士（例如風水師、神職人員等等）一同協助破解和改善，或是做出更合適的處理。

Chapter 8

# 遇見折翼的天使

職業生涯中也有過幾段與客戶死別的事，有些是車禍、意外喪命，有些則是重病離世，也有些是個人因素所致……

每當發生這樣的事，我只能不斷提醒自己，一定要珍惜每一次跟問事者相處的時間，盡量不要錯過可能改變他們想法或幫助他們的機會，畢竟這樣的機會得來不易，是冥冥之中的緣分和安排所得的機緣。

真的……真的很難過，心也好痛。當我下筆寫這個篇章之際，二〇二〇年演藝圈一名年輕溫暖的男孩離開了我們，這一年，無論是新冠肺炎疫情所帶來的生離死別，還是我們所熟知的公眾人物的驟然離世，媒體上的報導和憶念，都讓我們的內心感到惋惜並思念他們生前的好。

這也不禁讓我想起，在我的客戶中，很遺憾的，也有幾位折翼的天使——他們是真的都當了天使。每當某些時刻，想起他們，我的心真的很痛、很痛，眼淚也不由自主落下。

## 多聊些可逃離感情劫數

一名即將大學畢業的準社會新鮮人，因為陪伴家人問事而來。禮貌開朗的她，很獨立、很有自己的想法，在我腦海留下非常深刻的印象；之後，她也因為自己的問題來找我問事。沒想到，她在一次人生課題的考驗中離開人世！她的家人在事後打電話告訴我這件事。

我記得，她是位對朋友十分重情重義的女孩。每每找我問事，總是問友情方面的問題，相較於一般的女孩詢問男女感情事的時間更多，記憶中，對她的感情觀的印象，就是提得起也放得下。

某一天，她陪同朋友前來找我問事，也問我一個問題，「老師，您說我三年後會有一段桃花劫，一定要小心！但是，我的母親去找其他老師後，對方卻說我會在三年後結婚、嫁人，對方還是個條件不錯的好人家。老師，我該不該相信這位老師所說的話？」

既然她提出這樣的問題，基於職業道德考量，我立刻替她再看一次命盤，結果一樣，因此十分清楚而嚴正的告訴她：「三年後，是妳這一生感情中最麻煩也是傷害最大的感情劫數關卡！妳怎能接受那期間所認識的感情對象？更遑論結婚了！」

在提出警示的同時，我內心也想著，雖然從八字命格看出她的個性樂觀，但親友是她此生最大的死穴，也是構成最大致命傷的源頭。由於當時在場的人還有她的朋友，礙於不想透露太多隱私，只是淡淡的提點，提醒她一定要「多相信自己的判斷」。

出意外的隔天，她姊姊打電話告訴我她離世的消息，當時她才二十多歲！

當下，我才想起意外發生前一個多月，她曾聯絡表示要來問事，但預約日的前幾天，突然來電提到自己臨時有事無法前來。

其實在更早之前（出事的前一年年初），她已來詢問過關於感情對象。當時我特別提醒她，這名男性比較花心，最好別投注太多感情，以免受傷，還要小心避孕。事隔了半年多，約莫年終之際，她由姊姊陪同前來問事，說自己已經懷孕，接下來應該怎麼辦？我為她卜卦，有些無奈的說：「你們雙方家長都已認定彼此，還能夠怎麼辦？」她隨即告訴我，孩子的父親就是半年前詢問的那位感情對象。兩人本來要分手，沒想到卻發現自己懷孕，因為不知道該怎麼辦，只能先告訴彼此的長輩。

之後，他們決定先訂婚，等孩子出生後再補辦婚禮。沒想到教所有人大感震驚，她竟在懷胎八個月左右時自殺。時間點正是我三年前提醒她的「三年後的桃花劫」！那次，她懷孕初期由姊姊陪同來找我時，就曾偷偷對我說，如果不是母親一定要男方負責、如果男方母親不知道她懷孕，她只想當個單親媽媽，根本不想嫁給孩子的父親！

得知她自殺身亡後，我患得患失，難過得不能自己。我不斷自問，如果當初不讓她取消見面，是不是就有機會跟她多聊聊、分擔她的心事？會不會就有可能避免走上絕路？但又忍不住想道，如果當時真的見面，彼此有機會多聊聊，她是否仍會選擇離開？

對於這些疑問和自我懷疑，我是不可能得到答案，然而慢慢的，我知道自己必須**學習面對並接受**這樣的事情。其實在職業生涯中，也有過幾段與客戶死別的事，有些是車禍、意外喪命，有些則是重病離世，也有些是個人因素所致……每當發生這樣的事，我只能不斷提醒自己，一定要珍惜每一次跟問事者相處的時間，盡量不要錯過可能改變他們想法或幫助他們的機會，畢竟這樣的機會得來不易，是冥冥之中的緣分和安排所得的機緣。

## 更強勢能否遏止悲劇發生

一位熟客帶著朋友來找我問事，讓我有機會認識這位可愛的女孩。

有一回，她為了問我一些事，陪我從工作室搭捷運到家門口。一路上，她滔滔不絕的提問，也透露許多小祕密和心事，讓我見識到她可愛的一面。又有一回，她來找我詢問工作方向之類的問題，希望我能為她解疑。我要她別擔心，她一定會表現得非常好，就算不能選上女主角只當女配角，也一定會發光發熱，更有機會可以獲獎！

她聽了很高興，人也變得更有自信，表示一定會好好相信自己，好好努力表現。又過了幾年，她再出現時，已經是位亭亭玉立、又充滿智慧的女孩！只是無論如何也無法預料，那天在結束工作後回家，家人竟告訴我，新聞報導提到她出了意外！

在她發生意外前的某一天，我突然想起這位久未見面的女孩，內心難掩衝動，拿起電話聯絡她的經紀人，脫口問了一個連我自己都覺得意外的問題：「是否需要換輛保姆車接送她呢？」

數月之後，這位可愛的女孩就在高速公路上發生重大車禍，搶救三天，仍然回天乏術，年紀輕輕就離開人世。得知消息的當天，我取消了所有客戶的預約，內心無比難過，不斷自問，如果當時打電話給經紀人之際，就強勢要求一定要為她換輛較大的保姆車，是不是就能讓她躲過這一劫？或是她幾年前與家人來問事時，就阻止她進入演藝圈，是否就不會有今天這樣的結局？

直到今日，每每有她的相關報導，我的心仍然會立即陷入低潮……

## 突破盲點，謹慎面對生命關卡

曾有位身高約一百八十多公分、體態、樣貌都相當優異的大男生，來找我詢問工作未來發展問題。

我查看他的八字命格，也針對現有的工作占卜後說：「必須要立即換工作，離開這家公司，否則性命將危！」男孩卻說自己工作雖然是保鑣兼司機，應該還不至於發生如此誇張的事！而且老闆對他照顧有加，人也非常好。自己詢問工作只是希望可以提升自我能力，有更好的表現可以回饋老闆的情分，我怎麼會希望他趕快離職?!

這是段直到現在回想起，都會讓我感到非常難過且無比遺憾的過去，如果這位大男孩仍在世，應該也是位四十多歲的中年帥大叔了。

西元二〇〇〇年十一月一日，象神颱風侵襲台灣，造成嚴重淹水災情和許多傷害！颱風離境當日清晨，大男孩的母親焦急的打電話給我，希望我能幫她查一下兒子在哪裡、是否安全，是生還是……死？象神颱風導致全台到處淹水，還有許多人失蹤，我知道這件事刻不容緩，立即起卦占卜，發現他還在某座山區，雖然未遭受水患，但因為某些糾紛而受困。我告訴少年母親：「如果七日內沒找到人，平安救出，應該再也看不到他了……」

少年母親一時之間無法接受這個事實，耗費近三個月的時間找人，陸續發現一些可疑之處，證實我的占卜結果，少年的失蹤未必與颱風有關。這位母親抱著渺茫的希望不斷找人期間，依然找我持續查看愛子的生死，但我再也鼓不起任何勇氣告訴她，已經超過七日了！

至今，每每想到這件事發生的經過，我仍然感傷不已……

* * *

面對八字命格中的關卡，除了可透過個人的修為與造化避免，樂觀開朗的面對與處理也是非常重要，而那把可開啟光明之門、化險為夷關卡的鑰匙，可能就在你我的手中。如果在面對生命關卡之際，能夠不碰觸或刺傷心理負荷，能更嚴謹的防範、更加留心注意、突破盲點，找出問題點，或許命運的未來將會柳暗花明又一村！

Chapter 9

# 重生

所謂「一命二運三風水」就是擁有好運的時候，充分運用好運氣、好緣分購買具備優良地理風水的好房子，進而在未來八字命格走「壞運氣」時，能夠因為擁有好屋、好風水而破解、中和部分壞運氣。

換言之，命運在某種程度上是可能改變的。正因為如此，我才會不斷的提到，得擁有符合現實生活邏輯的思考模式，再配合對命運的安排與理解，靈巧去運用、借力使力，想破解厄運，順利過關、突破盲點，並非十分困難的事。事實上，最難的部分，反而是要以怎樣心態、思維看待這些際遇……

## 分手好聚好散，別硬碰硬

一位女客戶在男朋友當兵期間找我問事，我查看後告訴她，兩人感情會遇上一些挫折，甚至可能發生「危及生命」的情況，最終恐怕經不起考驗，分手收場。我還特別提醒她，分手一定要好聚好散，千萬別硬碰硬。

後來有一天，這位女客戶突然打電話給我。在電話的那端，她哭得很傷心。

原來，她出車禍，傷到脊椎，現下已不良於行。打電話給我，是想試試能否透過電話問事。她想問：自己是否還有機會站起來？另外，也有提告害她出車禍的男友之打算！

我進一步瞭解情況後得知，當初自己擔心的事情還是發生了。

車禍發生的那一天，男朋友從軍營休假外出，兩人相約碰面。她向男朋友提分手，他不答應，就在騎車當中發生嚴重的口角，就這樣出了車禍。儘管兩人一起摔車，男友卻只有輕微的擦傷，但她卻昏迷好幾天才清醒，而且下半身嚴重癱瘓，毫無知覺。

從車禍發生到打電話找我問事，已經超過半年多。期間，她動過數次手術，依然無法離開輪椅。她難以接受這個現實，終日以淚洗面，但是，目前也只能期待一次次的回診復健能夠帶來奇蹟。

她也在電話裡一再重申，只要自己能夠重新站起來，就非常感恩了，以後做事再也不會那麼激進、衝動。那次問事後，她常常和我通電話，而我也十分珍惜每一次兩人說話的機會，希望能盡一點棉薄之力，幫助她走出這段低潮期。

原本想對男友提告的心情，也逐漸因為自我身心靈的調適而放下心結，放棄對男朋友的訴訟。

## 革命情感難敵利字當頭

在一次處理一名女客戶問事過程中，從卦象中看出她將會因為工作而有訴訟事件。換言之，她可能會被公司提告。

她是公司總會計也是財務長，在公司工作很長一段時間，幾乎是一起成長，因此有深厚的革命情感，老闆也對她十分厚愛。

這次問事與工作有關，她非常擔心公司募資是否順利、能不能找到好的投資人入股。因此，當我突然告訴她要小心惹上官司，而且提告人還是公司時，她震驚不已更完全無法置信，「老師，是不是誤會我的意思？我問的是公司未來有沒有好金主入股，而不是我個人在公司中的未來？」

我能夠理解她的心情，畢竟老闆始終善待她，怎可能突然翻臉提告？過段時間，她又再來找我，提到自己回到公司後的發現。

儘管對當時我所說的話存疑，但她還是把它放在心底，直到對照所發現的事，前前後後反覆思考與求證後，她終於相信我提出的警示。

原來她發現公司要她做假帳，更改財報數字，吸引投資人挹注，還要她簽名背書！雖未明說而是一步步要她修訂，以為可以不著痕跡，但這可是她的專業，怎可能毫無所覺，這擺明是違法行為——偽造文書。自己怎能簽名蓋章？

於是，我針對她八字命盤所呈現的運途做細部分析，再運用占卜預測，找出各項問題未來可能發展延伸的趨勢和走向，讓她有足夠的能力與心理建設接受、應變，可以在事發前預做安排，備妥相關對策應變。之後，再反覆抽絲剝繭，找出問題的關鍵或癥結，依各個不同的細節逐一占卜，找出方法與方向，能夠預防的就及早處理，避無可避的也要試著找出破解的機會。

也因為預先做足種種準備，女客戶才得以免於恐懼，可以專注、小心翼翼面對，終於成功避開一項項可能導致訴訟官司的問題，這一個關卡，總算順利度過！最後與公司也在好聚好散的情況下，順利離職。

## 漏財想靠買房補，厄運加倍

這些年我不只一次聽到問事者提及，有老師要他們買房補漏財的流年運勢或者命格！每每聽到這樣的論調，我的心總會揪緊，忍不住擔憂。

為什麼？

其實原理很簡單，只要好好想一想就能明瞭。

人在走漏財、破財運時去購屋，就如同在運氣不好時換工作（找工作），很難有機會找到合適、安穩的好工作；人如果走漏財的壞運時去買房，買到讓自己漏財、破財……等壞風水房子的機率更高，反而讓傷害、破財、壞運更無限延續，只會為自己帶來更多麻煩、更大的壞運！

**買房應該選擇人走好運的時候，積極慎重的考慮、選擇、才能購得擁有好地理風水的房子。**壞運氣或是漏財運的時候去買房，只會為自己帶來更多的厄運（什麼樣的壞運氣，冥冥之中就有可能買到什麼樣壞風水的房子）！買房子通常無法避免房貸，那麼日後財運不好時，等於有充分的理由「花錢繳房貸就能補漏財的洞」；如果購屋時有足夠的現金而不需貸款，那麼一旦碰到走漏財、劫財的壞運氣時，也不會有太多閒錢讓自己亂花。這才是破解漏財運，把錢用在買房子（也就是繳房貸）的真正意義與價值。

這也就是「一命二運三風水」的邏輯，**擁有好運的時候，充分運用好運氣、好緣分購買具備優良地理風水的好房子，進而在未來八字命格走「壞運氣」時，能夠因為擁有好屋、好風水而破解、中和部分壞運氣。**

再者，也請讀者仔細思考前述內容，是不是證明命運在某種程度上是可能改變的？

正是因為如此，我才會不斷的提到得擁有符合現實生活邏輯的思考模式，再配合對命運的安排與理解，靈巧去運用、借力使力，想破解厄運，順利過關、突破盲點，並非十分困難的事。事實上，最難的部分，反而是要以怎樣心態、思維看待這些際遇……

## 萬人之上，受罰也首當其衝

曾經有對夫妻結伴一起來找我問事，想知道該不該投資買入丈夫任職公司即將上市上櫃的股票。

我查看後告訴這位先生，他即將有牢獄之災，最好趕快離職脫困。沒想到他火冒三丈，一臉不以為然，「怎麼可能？老師，妳是不是看錯了！」

他提及自己在公司可是一人（老闆）之下，萬人之上！公司大大小小事情，全都由他作主，怎麼可能有自己無法掌控的事？

見丈夫發飆，一時之間，一旁的妻子也相當尷尬。她邊安撫丈夫，邊跟我說抱歉後離開，我也不清楚兩人最後有沒有接受我的警示。

夫妻倆再度現身，已經過了很長一段時間。丈夫神情十分憔悴，滿頭黑髮也摻雜些許灰白，完全喪失自信的模樣，與先前所見判若兩人！倒是妻子一如從前，只是不再靜默變得侃侃而談，忙著幫先生提問。

我查看八字命格後說道，要兩人放寬心，先生可以找到好工作。

一週過後，妻子約了時間帶著鄰居找我問事，也不忘告訴我，關於先生的工作糾紛。她提到一如自己第一次所提醒的，先生的確因為工作問題而入獄半年，上次碰面時，他才剛出獄，想找份新工作，因此才來找我問問機會如何。

＊＊＊

人一生當中，生離死別、病痛與牢獄官符之災等等，豈能夠因為我們想要或不想要就能輕易改變？所以，如果你因為自身的修為或福氣而能在事件發生前得到提示與警語，是種非常難能可貴的機緣，一定要好好把握、珍惜，這般可扭轉命運的機會，可不是每個人都能夠輕易擁有。

Chapter 10

# 算命是一種「經濟學」

大部分找我排小朋友八字命盤的父母親，除非是朋友引介，否則都是甫出生就已預約排看，因此所解讀的命盤必然會包括學齡前的教育方式，因為人一出生就受到八字命格影響，無論是性格還是價值觀，無一不受影響和決定。

若有機緣理解孩子的八字命格，對孩子後天人格養成、再造、教育可以提供非常關鍵的幫助。

人的一生當中，有多少次因為猶豫不決而耽擱誤事？又有多少時間一再被浪費、錯過？機會一旦錯過，就絕不等人。

套用同樣邏輯，同一個問題，在不同的時間詢問，也會得到不同的解答。

這也就是所謂的物換星移，即便在同一個時空環境，人事已非；當下所見、所遇、所聞已截然不同。在不同機會、不同條件、情況，再問同一件事，結果可能相同嗎？

## 愛情緣分不因時間而變

如果真有相同的部分，那只是一種巧合。許多人事物的關係或結局，講究「機會」與「緣分」；有些機會當下提問，時機未到、緣分亦薄，不過時機當道、緣分正臨之際，再次詢問，緣分自會好轉，問事答案也會改變！但又有些人事物，一旦錯過機緣，緣分也會隨之流失（之前詢問結果很好，但沒能好好掌握時間，再問，結果也就可能轉壞）。

如在工作與人際關係方面，上次提問可能與自己無緣，原因可能是「時機未到」！過陣子再問，時間機緣剛好對上，答案也可能出現轉機，變為好的！

換言之，好運氣、好機會一旦降臨，從不等人，錯過不一定會再有！所有人事時地物全都講究機會與緣分。命理占卜問事所求所問的事，有的是機會已經流失，下次再問，機會不一定再有！但有某些本就不對的機會、不對的人事時地物，已經「不正確」或「註定無緣」，等得再久、反覆提問，答案依然不會改變！有些情感與緣分，消失就是消失，不會因為自己後悔想要回頭，所有人事時地物都還原封不動的等待著。

然而，愛情、人與人之間相處的緣分就不一定如此！

**如「愛情」的機緣，如果註定命中無緣，不會因為自己執著或一廂情願而有不同的結局。**不過，當很愛很愛一個人的時候，人總是很難警覺這個道理的。多數找我問事的人總不死心，還是會加碼再問，同個問題，如果不同的時間再問，結果有可能不同嗎？

每當聽見這樣的提問，我總是會很想回上一句：「乾脆告訴我，只要我喜歡，有什麼不可以！」

多數陷入愛情漩渦裡的人總抱持類似的想法：只要一直愛著對方，即便被告知這段感情不會有結果，但只要過段時間再提問，結果就會有所不同；只要自己夠堅持，一定能從沒有緣分轉變成可以順利開花結果。

然而，現實真是如此？

儘管話不討喜也可能讓人傷心，但還是必須坦白告訴大家，這是不可能的！不要太過一廂情願，自己胡思亂想。在愛情的世界裡，人的執念往往成為阻礙自己真正認識有緣好對象的機會，錯過最合適自己的正緣。抱持可能從無緣變成有緣人的想法無異於自欺欺人，結果並不會比較好。

## 既是無緣卦象，就不該一昧強求

有一名男性客戶，第一次來找我，是為了問工作、事業方面的運途。之後某一次見面問事，他提及到廟裡拜拜抽籤詩，籤詩指示必須與妻子離婚，運氣才能好轉。

從他的語氣，感覺似乎正認真考慮與妻子離異的事情，當下我非常希望可以立即請他離開，因為他的妻子才剛生下第二個女兒，做完月子，他怎能為了自己竟想著要離婚？

正當我氣憤難平，準備開口，他已經先出聲表示，自己與妻子的價值觀差異太大，甚至覺得妻子配不上他！認定妻子是鄉下人，思想跟不上時代。

我愈聽愈難過、火氣也愈來愈大。

他的妻子是一名護士，而他則是從事室內設計的工作。護士工作穩定，只是必須常常值大夜班；反之，室內設計工作變數大，收入高低起伏不定。每次問事，他只關注自身工作問題，從未顧及其他，現下竟還想把仕途不順遂怪罪於妻子，從未想及若非妻子，家中經濟得以維持正常運作？

只是真是妻子拖後腿，讓他命運多舛？

我分別查看夫妻倆的八字命盤，結果恰好相反。妻子的八字命格相當旺夫，運氣也比先生好；反倒丈夫的八字命格狀況多，不但在婚姻中抗壓力低，還出軌外遇，而且只要偷吃，工作一定會跟著出狀況。

這些提醒，早在他詢問是否離婚前，就已經反覆說過，但他就是沒把話聽入耳。

又隔了好一段時間，這位先生的妻子獨自找我問事，問的正是夫妻倆的婚姻。她表示先生想離婚，可是她不願意，不知道該如何是好？又提到先生嫌棄她又胖又醜又黑，完全不像個女人！

她說得無比委屈，表示如果先生不喜歡她的脾性、習慣、行為等等，自己可以想辦法盡可能調整，但是長相、膚色與生俱來，無法改變，至於胖，她已經努力減重，但礙於體質再加上兩次懷孕累積的體重，短時間真的很難變瘦！看著先生愈來愈討厭自己，讓她非常苦惱，真的不知道該怎麼做，才能夠保住這段婚姻。

聽著聽著，我的心也愈來愈痛，非常心疼她的遭遇。當時的我，一方面提不起勇氣，另一方面是基於職業道德，所以不能告訴她，她先生也曾來問事、說過哪些關於兩人婚姻的事、如何描述她等等。

我非常希望她能夠多愛自己一點。她為這個家、這一段婚姻所付出的努力已經很多很多了！她是一個很棒的女人，是她的先生沒有福氣，不懂珍惜，才會想要分手。我透過占卜為她解釋卦象，顯示兩人夫妻關係已經結束，放手，她會過得更好。

約莫半年後，再見到這位太太，夫妻倆已經簽字離婚。不過，她想請教與前夫爭取女兒撫養權的官司是否有機會贏？卦象結果是肯定的，只是官司會拖上好幾年！果不其然，她順利獲得撫養權。

爾後再見面，我才告訴了她，屬於她的真命天子根本還沒有出現！她嫁錯人！教我意外的是她竟然脫口說自己知道，因為與前夫相識時，她就曾找我詢問兩人的情感發展。當年，我就對她說，兩人無緣，即便結婚，最終仍會以離婚收場！

原來，她在十八、十九歲時就認識了她前夫，儘管我告訴她「和前夫無緣，即便結婚還是會離婚」，但她就是不甘心，還想趁著年輕奮力一搏，如今失婚，人也已經過了而立之年，花費十多年的時間證明命中註定的結果。

她並不怨懟，而且還能自我安慰，因為並沒有浪費，她因此擁有兩個可愛的寶貝女兒，如此已心滿意足。

每對相識、相戀的情侶，是否只要愛了就能有好結果？十多年前一個無緣的卦象，她不理一味強求，終究不因時間不同，結局就變得不一樣。

## 要算命，就該聽真心話、真答案

一位認識許久的客戶，推薦了不少同事、好友來找我，幫他們排一排「命盤、流年、生涯規劃」！

每回總會對想找我問事的親友、同事再三叮嚀，老師講話很直接，要有心理準備。還不忘補充，不過算命當然要聽簡單、清楚的真心話，聽真正的答案！無論是否相信，先當作參考，之後一定有機會印證；一旦真的發生，就會瞭解。

是不是很可愛的女生！我們兩人相識十多年了，她也從對我百般質疑的年輕小女孩，變成懂得人情世故、處事周全、性格內斂成熟的人妻、母親，時間流逝所造成的變化，總教人驚艷！

最近碰面，她在問事時對我說：「無論是工作或生活，一直以來都是老師您協助我們度過人生大大小小的關卡；一路從準備結婚之際，第一次認識老師，歷經工作、生養、買房等等，都是您提供重要關鍵指引，真的非常非常感謝您！這次也沒有多想，就拉著家人向您詢問家中重要決策事宜，想著或許是冥冥之中自有安排，我真的只有滿滿的感恩。人生的路很長，善念、修為是從我們剛認識時，您持續不間斷的提醒。無論如何，這次真的很感謝老師的協助和提點，我們會更加謹慎、注意、小心決策的各種大小事；最後再次謝謝老師的幫忙，也祝老師平安、健康。」

看到她這麼用心的回饋，我真的很感動，也感到十分窩心。也同時提醒我，命理師的道德與責任感真的非常重要。

## 孩子的生涯規劃經濟學

有一天，一位母親非常擔憂的找我詢問孩子在學校發生的一些問題，希望能夠知道該如何處理。她表示，學校老師經常打電話或傳簡訊，告訴她孩子又在學校闖禍、犯錯、惹事或功課遲交……

日復一日，沒完沒了，終於教她崩潰，大動肝火惡狠狠地咒罵孩子！沒想到孩子嚇了一跳，害怕得掉了眼淚，她自己也愣了一下，還來不及反應，孩子已經擦乾眼淚開口安慰她，讓她別生氣、不要難過，自己會乖乖聽話。

這孩子真的好懂事……我忍不住這樣想，眼淚差一點滑落，只能深呼吸，才好不容易忍住淚水。

一抬頭，才發現這位疲憊不堪、工作和家庭兩頭燒的母親也早已經是滿臉的淚。

我放低了聲音，婉轉問道：「之前曾因為孩子學校的事，找我占卜嗎？」

她有點困惑，不明白為何我會這麼問。

「這孩子剛出生時，我曾幫忙排過命盤，當時我應該提醒過妳，孩子在國小入學前最好先瞭解一下學校與孩子之間的緣分？因為這孩子在學齡階段的運途不是太平順，選擇小學學校要事先過濾，才有機會遇到能幫助孩子、適合他的有緣好學校。」

（所謂的「有緣好學校」並非指有名的貴族學校，而是適合孩子、能遇見與孩子有緣的好老師〈孩子的貴人〉，與同學的關係也是善緣的學校。）

這位母親的確記得這件事，她提到自己在孩子入學前詢問過這間學校如何，也提及我告訴她，孩子與目前這間學校沒有好緣分，只是她需要家人幫忙接送孩子上下學，所以還是讓孩子就讀這間學校。

我只能重新為孩子占卜，讓這位母親瞭解目前孩子可能面臨的情況；卦象顯示學校老師對孩子較沒有耐心，甚至有些刁難。

這時她才恍然大悟，想起常聽位於學校附近安親班老師提到，孩子班導師常被其他家長投訴，老是在班上大吼大叫，還用非常難聽的字眼辱罵班上的學生！

當下，我真的有一些生氣。

既然如此，為什麼要明知故犯？只為貪圖方便，讓孩子受苦，值得嗎？我也明白每個人生活都有各自的難處，只是孩子不該無辜受累。

幸好，這位母親學得教訓，積極地重新找學校再找我占卜確認，最終找到一間較適合孩子的學校。

大部分找我排小朋友八字命盤的父母親，除非是朋友引介，否則都是甫出生就已預約排看，因此，所解讀的命盤必然會包括學齡前的教育方式，這是因為人一出生就受到八字命格影響，無論是性格還是價值觀，無一不受影響和決定。

若有機緣理解孩子的八字命格，對孩子後天人格養成、再造、教育可以提供非常關鍵的幫助。

＊＊＊

算命，也可以是一種「經濟學」！

無論小至嬰幼兒、孩童，大至青壯年或是成年人，或是年老後的退休生活規劃，均可以透過對個人的八字命盤的明瞭與理解，輔以查閱命格運途條件中所具備的能力與才華，彼此相輔相成，藉此方式規劃未來，提升生活品質！

相對於人生命當中所有與命運相關的人生哲學價值，這絕對是一段讓自己人生值回票價的旅程！

Chapter 11

# 算命也可以是「生涯規劃」

命理到底準不準？雖然算命的人不少，但百分之八十至九十的人都會懷疑命理對一個人的影響力，差別只在於程度多寡而已。

那麼，命理對人的影響究竟有多大？

如果我說，八字命格對每個人影響程度取決於心態與作為。你是否相信？其實有其邏輯可依據。

## 超前部署，發揮命理最大效用

有一回，與一位客戶分享一個概念：

**要真正發揮命理的力量，不應該等到生活不順遂時才算命。**當運氣、事情已經不順遂得讓自己心神不寧無法正常生活，要找的人應該是其他的專業人士，如「心理醫師」?!

儘管如此直言不諱，內心其實還是有些歉疚，好似責怪客戶怎讓事情變得如此糟，才想到找命理師求助，未免太遲了。自己並非無的放矢，而是有真憑實據，才敢如此坦言。

多數人都因為工作、生活或是感情出狀況，才想到要做出改變，然而追本溯源，是否因為過去曾在某個環節做錯選擇，才導致這一連串教人懊惱的結果？世界上沒有所謂的偶然，所謂事出必有因，也就是常言道的因果，關鍵在於自己不知道或看不出來。換言之，如果可以一早看出或得知，就有機會超前部署！

以工作為例，無法升遷、不被公司認同、始終沒能加薪……讓人很不開心，不過仔細想想，有些事是不是在選擇進這間公司工作前，就應該先做好觀察、看看公司是否合適自己？從命理可透過占卜提供協助，卦算公司與自己是否合襯、有沒有機會鴻圖大展，自己的工作態度或習慣是否有特別需要注意的地方，或是儘管是間好公司也很適合自己，但是否有其他需要特別注意的事項……而不是貿然選了公司，發現工作不順遂再詢問哪裡出了差錯，或是不斷的換工作碰運氣。

除了占卜之外，是否想過當下轉換跑道或是做其他改變，確定是最好的時機？知道自己的八字命格在運途的表現，也能影響當下自己有沒有能力做出最適合的改變？如換工作，沒做任何確認就突然決定辭職，幸運的你，如果「瞎貓碰上死耗子」恰巧正走適合換工作的好運，那一切水到渠成；如果正值壞運當頭，還貿然換工作，最好祈禱天降奇蹟，以免「人牽不會走，鬼牽一直跑」！

還是無法理解？有時我們會做出錯誤的選擇，像是本該重新找份工作對自己未來比較有利，但先前你已經做過一些調整，不順遂的狀況似乎有所改善，就想著做生不如做熟，就忍耐著繼續，甚至情況看似愈來愈順遂，最後你決定事情已經不同，無須再找新工作，因此就安心繼續工作，沒想到突然出現各種不受控、超出預期的負面事件，而且接二連三！

你困惑不已，怎麼會這樣呢？

答案其實很簡單，因為你一開始就做錯了！

你並未選擇那個「應該有的正確決定與改變」！

## 壞運當頭，保守為重、不做決策

替人算命幾十年，我看過太多人的運氣從一路坎坷至漸入佳境，並非做了正確的選擇而是當時的運途正由壞轉好，所以看似一路順遂，甚至斷定自己做了最好的決定，其實只是假象，一旦運氣由順轉逆，當時錯誤的選擇又會繼續發酵，恢復原有的負面情況！

反之，當下感受到負面情況，為了扭轉現狀而決定放棄「錯誤選擇」改選其他較好的，只是正處於「壞運途」當下，此時所出現的其他機會也未必是好的選擇，甚至可能是另外一種更不好的安排！

這樣是否說得更為清楚？當身處不順遂的狀況才找我問事，我也只能針對當前的狀況，抽絲剝繭分析，盡可能將問題的傷害降到最低，直到壞運氣結束前，最好的安排只有「保守」、「更加謹慎的思考，如何以不變應萬變」，好突破各種考驗與困境！

**在壞運未遠離前，最好別再做任何重要決策或改變，否則只會愈來愈糟！**

唯有在運氣好轉的時候，積極做出正確的選擇和改變，才能夠真正幫助自己擁有好條件順利脫困。

當然，人得有「好條件」與「能力」才能夠在運氣好轉之際即時掌握，成為名副其實的幸運寵兒，這也是我總不忘提醒大家，具有好的八字命格，一定要好好珍惜。至於八字命格、運氣條件較差的人，平時更要小心注意，積極改變應對，這才能讓原本較負面的部分，因為謹慎處理而能大事化為小事、小事化為沒事。

算命，「壞」的部分當然可以不準，準可就不好了。命理師的任務之一就是想辦法讓壞「不準」，不是嘛！

## 相同命盤經後天操作，人生迴異

為何擁有相同命盤的人，命運不盡相同？理由很簡單，儘管先天的命格、運氣條件都相同，如果其中一位懂得如何掌握好運氣、好機會，知道小心避開壞運氣；另一位不斷與好運氣錯身而過，也沒好好掌握好運所帶來的好機會，壞運時也無法好好面對，找出方法脫身，這樣的兩人自然會逐漸走向不同的命運。

另外，也常有客戶詢問東西方命理的差別，哪一種比較準？其實這個問題就如同被人問道，講英文比較好聽、容易聽得懂？還是說中文好聽、更容易理解？

無論是屬於先天既定的西方星座命盤或是後天的塔羅牌占卜，還是東方先天的子平八字、紫微斗數或是後天的易經占卜，皆各有千秋，無法相比，唯一的差異在於講解運用的老師所學深度以及使用習慣，準確與否的關鍵則是命理師是否精通（對專業的精通比什麼都會更重要），以及問事者如何面對命理師的建議；命理師算得再準、給的建議再好，客戶不願意接受，或是只做表面功夫、三分鐘熱度，也是徒然。

## 別人能你也可以，且做得更好

「他可以，你也一定做得到！」我總是經常用這句話鼓勵找我問事的客戶，就是因為這位年近四十的男客戶。

有段時間，他十分積極地找我問事。當時陸續有不同公司挖角，讓他無所適從，不知道該選哪間公司，因此找我幫忙。我查看他的命盤後，對他說，善緣未到，目前這些工作都可以拒絕。

看得出他並不相信，但仍有所警惕，最後還是耐不住其他公司的盛情邀約而跳槽，爾後工作狀況也印證我當時的提醒。

輾轉他又換過幾次工作，幸運的終於在命格中較正確的時機點，如願找到優質的工作機會，至今仍然經營得有聲有色，而且因為工作上的需要，更時常在各大媒體曝光！

因此每當遇到心急如焚的問事者，我總會適時用類似的例子鼓勵對方，該等待該保守該忍耐時，千萬不要緊張，最重要的是在好的時機點和運氣之際，可以做出正確的選擇，「別人可以，你也一定做得到，而且一定會更好！」

## 過去未知與日後命運關聯緊密

有對母女相偕一起找我問事，母親之前曾詢問是否退休，這回女兒心情沉重，表示外婆因為突然心肌梗塞，幸運獲救，目前人在加護病房接受治療，可說是在鬼門關前走一回。

醫師表示得替外婆進行「心臟支架手術」避免再次發作，只是外婆免疫系統嚴重失調，此時動刀風險很高，動不動刀，進退兩難，因此讓她們不知如何是好。

這等攸關生死的嚴肅問題，我自然必須小心謹慎的評估，最後告訴這對母女，外婆可以放心接受手術治療！根據占卜所得的卦象，可看出手術的確存在風險，不過只要小心注意一些事項，就能破解。

再見到這對母女已經是幾個月以後的事，這次兩人詢問換房子的事。一見面，她們就開心的提及，外婆手術很成功，復原的狀況也比醫師預期得更好，手術後第四天就出院了！

「命盤、流年、生涯規劃」是我對「八字命盤與個人關係」的定義。人的一生當中，有許多註定要面對的事，或許百般無奈與不願意，但都得接受。

**既然一定會發生，不如換個角度思考、轉個念頭，人生真的有機會可以大不同。**

常有客戶問我，推算過去是不是比較準確，未來可能較難精準？

並不盡然。

事先借助命理的力量，預測並規劃未來，是透過理解個人命格運途的發展變化而借力使力，幫助大家在好運的時候做正確的選擇，創造好的機運和未來；面臨壞運氣能守住好運時所做的正確選擇，盡量避開或正確處理可能的壞事，那麼，想度過人生某些關卡其實並不困難，只是你相信命理師所給的提醒和建議嗎？

這正是我想提的「算命也可以是生涯規劃」，專業的運用命理，扭轉不好的部分，保留並延伸好的狀態，如此一來，怎麼可能會發生「推算過去比較準確，未來可能較難精準」？當然，如果你因為命理師推算得知壞未來而提早防範，進而順利避開，我一定很開心，這種「不準」很棒！

過去沒能即時知曉的人事時地物所發生的一切，都與日後的命運脫離不了關係。你我的過去與未來的命運之間究竟有什麼樣的牽連，當我們不瞭解時，自然會來不及及時預防、提早做改變，而導致現今的某些狀況，因此，當客戶找我問事，直接告知所查看的結果，當然覺得「算過去很準」。

但對我而言，最美好的事是改善未來。一位專業又具道德的命理師，不會希望自己幫客戶所推算的未來種種都十分精準。重要的是與客戶之間如有善緣，自己的提醒就能協助抓住好運，且能珍惜、好好運用這樣的幸福，讓客戶可以好上加好，更希望自己所預測的壞事，也能因為提醒而助客戶順利度過每個關卡。預測未來，好的準，壞的不準（因為順利過關），那不是更好嗎？

## 姓名學的影響力僅占百分之五

「老師，老師，我去算命，命理老師說我八字命格不好，讓我改個名字，運氣就會變好了。」

「老師，可否幫我改個對命運好的名字？很多人都說我名字不好，叫我要改名。」

入行近三十年，改個名字求好運，真是最常聽到的問題。

在我的客戶中，還有不少人至少已經改過三次名字！只不過，改名字對於改變命運是否真的具有如此大的影響力？

我真的不這麼認為。

如果改名真的有效，改過三次，怎麼還是無法補齊命格的不足？

若不是幫忙改名字的人功力不夠，那就是改名效果不如我們認定的神奇。

我比較認同後者的可能性。

儘管的確存在著功力不夠深厚的命理師，然而，我實在遇到過太多改了名之後依然運氣不佳的客戶了——應該不至於每位問事者都遇到這種半桶水的命理師吧？何況，如果改換名字就能夠改變人的一生，那麼，只要把名字換成成功人士或富豪的名字，是否就能一樣享有大富大貴呢？

不可能！不是嗎？

既然如此，你們怎麼還會傻氣的相信，當感覺命不好、生活不順時，換個名字就能改變一切呢？

以姓名學命名、鑑定標準而言，姓名的好壞的確是除了與生俱來的八字命格之外，另外一個可以透過後天的選擇所作具有影響力的選項，只是後天可能影響命運的選項，還包括所處環境、家庭、陽陰宅風水、教育、個人修為……等。

換言之，名字對命運的影響的確存在。只不過，若要問好壞與否，答案是：只會促成一部分好幫助或壞干擾！

真要探討個人名字的吉凶好壞，取決於筆劃數、文字意義與是否可以搭配命格五行等等許多條件，而且缺一不可。

然而，**姓名學的作用影響再大，也僅占天生命格百分之五左右**；有個好名字能加五分，名字太糟，也不用特別倒扣五分，別高估姓名對命運的影響力，而錯過了真正應該注意的關鍵事項。

Chapter 12

# 心靈導師

參與許多人的生命故事，著實讓我體會生命的各種喜怒哀樂，也對生命的意義有更深刻的體會，更真切體認透過不同的角度，看待、面對自己所能遇見的每個不同當下，相信最終結果也能夠展現不一樣的火花與結局。

我相信擁有正向思考的判斷智慧，加上自身所創造不同的人生經驗，生命存在的價值，一定會更有意義。

從事命理近三十年，時間並不算短，因此不少人問我，是不是也收了不少的學生。

其實，沒有！我不隨便收學生，理由很簡單，因為我非常重視學生希望接觸、學習命理相關學問背後的原因與目的。

「學算命」是我生命之中非常嚴肅且必須背負相當大責任的事。不斷累積命理的專業知識、能力與經驗非常重要，然而道德觀念更是絕對不可或缺的要素。一位命理師的專業能力再強，也抵不過一次道德淪喪，這是我的堅持。決定是否收哪位學生，自然得顧慮這點。

就像到宮廟找神職人員問事一樣，許多來算命的人，多半都是因為不確定眼下該做什麼選擇比較好，或是已經遇到一些狀況和問題，才會上門求助。如果命理師仗勢自己的專業，利用問事者的惶惑和無知敲竹槓或製造更多的不安全感，這等沒有良知的行為，沒有資格成為命理師。

## 稱職命理師的標準為何

有位公眾人物曾找我拜師學藝，想學習研究命理。

問其原因，他提到命理是未來趨勢所需，世代交替之際，必然會出現許多讓人內心空虛、惶惑無助之事，透過學習命理專業幫助有需要的人，是件非常有意義的事。

正當我很開心，深感「有人竟然如此深謀遠慮」之際，沒想到他竟接著表示，自己並無意願認真鑽研，累積專業，只想略懂皮毛就好。

略懂皮毛？

我眉頭一皺，滿心疑惑追問：略懂皮毛是指什麼樣的程度？

他表示只要能夠賣弄一下命理簡單技巧，有機會接觸不同面向的人即可。他想藉此拓展人脈，擴大業務範圍，接得更好的生意，銷售更多的商品！

我的開心情緒瞬間盪到谷底！無論命理師問事開價高低，最基本也最重要的環節就是對客人要有服務的心態，豈能如此輕浮？無奈坊間擁有這類錯誤觀念的命理師真的為數不少。

學算命、習命理卻醉翁之意不在酒，真的很不可取，所以我從不輕易收學生，不希望因為教出不顧客戶的命理師，成為間接的加害者，既損壞命理師名聲也毀損求助者的人生。

## 讓客戶預見不同未來時能安心改變

有次，幫一位年近六十歲的客戶講解流年運途應該掌握、注意的事情後，她突然不著邊際的脫口說：「一定要很健康！一定要長壽！」

我也贊同附和說道：「是啊，您一定要好好照顧自己身體，一定要健康快樂。」

沒想到，她竟然笑說：「老師，我是在說您啦！您一定要健康、一定要長壽，我們都需要您啊！」

她提到自己活了這麼大歲數，只偶爾才找命理師算命、問事，次數不多但也累積一定程度的經驗，表示像我這樣的命理老師少之又少，因為我不僅會告訴問事客戶處理問題的方向，還花許多時間解釋，直到客戶真正明白為止，因此一直讓人很放心、又安心，即使推算結果不如預期，也會不急不徐提供意見、方法，讓客戶得以「預見」不一樣的光景與未來的展望，安心做改變。

這位老太太的話，讓我想起二十幾年前也有位客戶對我說過類似的話。事隔二十多年再聽到，感觸很深、很深……

快樂與不快樂，只在一念之間！懂得用健康的角度看待事情真的很重要，不論那件事情是好是壞，我們看事情的角度影響其實更大。這不僅是面對人生應有的態度，也是算命的人應該要有的心態。

## 變得更好才能幫助更多人

入行至今，我一直有個習慣。在結束一天忙碌的工作之後，盡量利用獨處時，靜靜回想、思考和沉澱，這天的問事者是否都能夠理解我話語背後的意義？我說得夠不夠清楚？會不會耽誤他們？真的遇到事情的時候，會不會記得我的提醒？

就這樣，一天又一天，如今都快要三十年！也時常想著那些曾來的客戶、問事者都還好嗎？有時候，也導致自己變得多愁善感。

每當新聞媒體出現重大報導，我總提著一顆心仔細聆聽，如果是好消息，我的心就跟著愉悅；若聽到、看到人生的無奈與生命的無常，很容易就跟著感傷痛苦。

不過我並不後悔，不論是進入命理這一行，或是因為這個職業而成為這樣的一個人。每一回，不同的故事、事件的發生，無非都是在提醒自己：我的任務、我的付出還有進步和成長的空間；我需要更多的學習，只有自己變得更好，才有能力真正幫助更多的人。

我也常常想著，假使自己這輩子從來沒有遇見這群可愛又迷人的問事者，人生會如此豐富、美麗？

參與許多人的生命故事，著實讓我體會生命的各種喜怒哀樂，也對生命的意義有更深刻的體會，更真切體認透過不同的角度，看待、面對自己所能遇見的每個不同當下，相信最終結果也會展現不一樣的火花與結局。

我相信擁有正向思考的判斷智慧，加上自身所創造不同的人生經驗，生命存在的價值，一定會更有意義。

## 能先說的問題不用太擔心

可以說自己真的很多很多話嗎？真的！一旦內裡「擔憂」的死穴一開，想說的話就幾乎停不下來！

每一次面對不同的問事者，我總是會一次次，反覆從各種不同角度、不同的觀點跟對方說明，巴不得問事的客戶能將我說的每句話、每個重點倒背如流。

還記得有一回，對一位女客戶所問之事完整解釋過後，想著這次要用什麼結語鼓勵、安慰她，沒想到我還沒開口，她已經出聲——

「老師，我知道。您曾經告訴我，只要能夠事先從您口中說出的問題，就不用太擔心；能夠看到提醒我們的問題，未來都不會是問題，所以只要放心依照您的提醒與處理方式，就不用太擔心或害怕，我會勇敢面對。」

沒想到她還記得我曾說過這番話，還以此激勵自己，真讓我感到十分寬慰！這也使我更常自我提醒，在未來的日子要更用心為每個問事者提供各種助力與支持。其實，這也是我對命理的熱忱，能夠始終堅持的力量！

結語

# 比好命、好運更重要的事

綜觀在我生命中來來去去、所知所聞的所有人，該如何定義一個人的「好命或壞命、好運或壞運」最正確也最恰當？

就八字命理的角度，所謂的「好命」也就是「好的命格」，我將它詮譯為「**促成人的一生中擁有八字命格中，良好的生存條件**」！

那麼，什麼叫做「八字命格中良好的生存的條件」呢？

八字命格具備「好的抗壓」、「正向的思考能力」、「善於體恤他人」三項條件，便符合「好命格」的條件。面對生存的競爭「懂得抗壓」，知道如何調適心態面對問題、培養生存的機會與能力；遇到挫折、他人有心或無意的攻擊等等都能即時「正向思考」；對於共存者能夠「包容體恤」、抱著「良善的心境」等等與生俱來的樂觀正向思考、積極處事與善解人意等等的好因子、好條件是最優的八字命格！

相反的，八字中命格具「好戰」、「好鬥」，以及過剩的「得失心」、「比較心」、「怕吃虧」、「怕輸人」、「怕被比下去」等等特質，導致對生命中的一切提不起又放不下，這些最壞的八字命格也是我認為的「壞命格」。

何以見得？

無論八字所決定的運氣是「好運」或「壞運」，只要能夠擁有「好命格」中的樂觀、積極、正向思考、體恤他人的心，就算遇上「壞運」也會因為這樣的命格特質，就不需要花費很多時間療傷、止痛，進而能夠樂觀正向，積極抓住、珍惜難能可貴的「好運」降臨！

如果先天八字所構成的性格、命格條件較消極、悲觀，也會因此更容易感到挫折與不快樂！甚至無法突破厄運，或是因為消極鑽牛角尖而錯失好運氣所出現的好機緣。

我希望大家能夠藉由後天的成長與學習，改變調整八字命格中所造成的不足；改善性格價值觀，讓自己擁有面對壞運氣的戰備力，通過各種關卡的好條件和機會！

另外，命格比較容易消極且得失心過強……等問題的人，若是在命運的開端，就擁有與生俱來的好運氣，反而不是件好事！他們人生的美好是因為「好運氣」促成，並不等於經歷「壞運氣」時，能有更好的抗壓力與穩定的情緒！光是得失心就足以讓他們比一般人花費更多、更多的時間，調整自己的低潮與挫敗感……

「人算不如天算！」這句話，至今我仍深信不疑。

但即便如此，我們仍然可以透過先天八字命格明瞭認識自己一生如何受其影響，運用後天問事占卜、陽陰宅風水布局等方法趨吉避凶！因此，個人的善念與修為非常重要，若不能時常以此警惕自己，再怎麼算計，仍然無法擺脫命運的安排！唯有個人的修養與善行義舉，才能真正讓我們跳脫命運的枷鎖，擁有輕鬆自在的人生。

生老病死，不過就是如此！學會用平常心去看待人世間的任何事物，能得的就盡力去爭取、擁有；緣盡，要懂得放下。

一位具備職業道德的命理師，不應該承襲以往某些命理師的惡習，非但沒有盡職、盡責自己本分，反而抱著乘機亂槍打鳥的心態，利用問事者的不安全感，希望透過命理老師指點迷津瞭解問題、化解危機之際，硬生生敲竹槓、使破財更多，這樣的命理師非常缺德。

想透過命理問事的朋友，應該具備的心態都已經寫在前文的案例中。此外，也要提醒那些想算命或喜歡算命的朋友，記得量力而為，避免失心瘋。

同時，身為命理師應有的本質，可能會因為處理不同領域範圍的專業服務，命理師會酌收應有的基本款項，這當然是沒有問題的，甚至是需要的，因為命理師也得生活啊！不過，我還是覺得，在命理老師的工作本分中，應該要能夠具備同理心，盡心盡力的協助問事者找到方向走出困境——一位這樣端正的命理師，才能真正值得他人尊重敬佩。

無論你對命理學術研究有著學習探索的興趣及熱忱，或是對自己算命經驗有個人獨特看法，以及喜歡找人「算命」或是從事「命理相關的工作」的人，我希望都能透過本書提供一些不一樣的見解與提示。

我們共勉之。